HOTOKE dictionary

ホトケ・ディクショナ

21世紀に役立つわかりやすい
仏教慣用句事典

大正大学・編

これは、もともとは仏教の経典の中に登場する言葉、
あるいはそれに付随して生まれてきた言葉集です。
そして、現代の社会の中でも依然として使われているものを、
エッセイ風に１０８項目を紹介しています。
慣用句となったこれらは、本来の仏教的な意味とは、
ずいぶん変容した使い方をされているのがわかるかと思います。
その根本の意味との差異を読み取りながら、
二千年余の時間の推移の中で、
仏教の思想が私たちに与えてきた大きな教えのほんの一部を、
ゆったりと感じていただけたらと思います。

ホトケ・ディクショナリー　HOTOKE dictionary

目次

あ行

か行

さ行

た行

あ行

諦める（あきらめる）

「鳥のように飛んでみたい」でも、「私には翼がないし」。これが諦めですね。自分には天使のような、ペガサスのような翼があるわけではありません。これは明らかなことです。「海外旅行に行きたい」でも、「貯金、ないしなあ」。実現がむずかしいことを理解するのを「諦め」といいます。「諦める」は「明らかになる」ことなのですね。「断念」ではありますが、出来ない自分を「卑下」することはありません。あくまでも現状を明解に認識することなのです。そして、新しい回路を見つけようとするきっかけにもなります。「諦め」は、最終結論ではなくて、「再スタート」のための正しい決意でもあります。

【解説】仏教では「世の中の真理に到達した状態」を「諦念」と言います。釈尊は、①苦諦（この世は苦であること）、②集諦（その苦は煩悩に要因があること）、③滅諦（煩悩を滅すれば悟りに到達すること）、④道諦（正しい修行を実践すること）の四諦を通じて、真理への道を示されました。お医者さまが、①病気を見きわめ、②その原因を探り、③処方を示し、④治療を施す、という診察・治療の進め方と同じですね。

阿弥陀籤（あみだくじ）

縦に何本か線を引いて、その間に横線を何本も引いてつなげる。下には番号や、獲得できる物品、あるいは○×が書いてあって、どれかの線の頭を選んで、階段状に下に降りていき結果に行き当たる。しかし昔は放射状の線でくじを作っていました。ちょうど阿弥陀さまの光背（背中で輝いている光の筋）のように。だから阿弥陀籤といいます。ありがたいご利益（成果）に行きつけますようにという願いを込めたのでしょうね。帽子のツバを立ててかぶることを「阿弥陀かぶり」といいますが、これも光背のイメージからの表現です。光背は「オーラ」と考えてよいでしょう。

【解説】西方極楽浄土の教え主である阿弥陀仏は、〈南無阿弥陀仏〉とお念仏を称えれば必ず救う、と誓われました。「阿弥陀」には、「量り知れない」という意味があります。阿弥陀仏は、寿命や光明が無量なので、無量寿仏・無量光仏とも呼ばれます。光明は、救いの働きを意味し、放射状に表現する場合があります。これが「阿弥陀籤」に展開します。籤の行方が「分からない（量り知れない）」ことも大切ですね。

安心する（あんしんする）

幼な子が母親の胸の中で眠るような「安心」を、私達はいつも探しているようです。最近ではさらに「安心安全」というようになりました。生活することで起こる「危機」を回避することが、重要になってきているのですね。「危機管理」も、「安心安全」のための対応機能と言えるでしょう。「こころ安らかに生きる」ということは、結構大変なことです。それには、危機を察知する知恵と、それに対応する力が必要になってきます。そう出来たらきっと、「嬉々」として生きることが出来るのでしょう。

【解説】「安」には、「置く」という意味があります。携帯電話でも、テレビのリモコンでも、正しいところに置いておくと、ものごとがスムーズに進みますよね。安心立命（あんじんりつみょう／あんしんりつめい）」という言葉があります。「力を尽くし、心を安らかにして、後は天命に身を任せる」という信仰の態度です。

行脚する（あんぎゃする）

この世界には魅力に満ちた生き方のヒントがいっぱいあります。けれども、苦難に満ちたきびしい世界もあります。そうしたものに出会うこと、それが「行脚」。修行のための大切な行動です。「インスタ映え」とは少し違います。「良いこと・悪いこと」さまざまな世界を認識することなのです。今や高度情報化社会といわれているように、ここにいても、ここ以外のことが解ってしまう。あるいは解った気になってしまいます。しかし「行脚」にはとてもリアルな体験感覚が大切なのです。私たちが最近よくやる「ワーク・ショップ」も、そんな身体性の情報獲得システム。そう「行脚」こそ「ウォーク・ショップ」なのです。

【解説】行脚とは、僧侶が修行や布教のために諸国を歩き巡ることです。こうした修行者を行脚僧といい、行雲流水（自然のままに移りゆく雲や流れる水）に例えて「雲水」とも呼んでいます。

石の上にも三年（いしのうえにもさんねん）

「冷たい石も、その上に三年も座っていれば温かくなるさ」という、気の遠くなるような行為です。せっかちな私達は、そんな時間の無駄使いに何の意味も感じないでしょう。ここでの本題は「辛抱」です。これは理解してもらえない人に少しずつ、自分を理解してもらえるようする、あるいは「理解できないこと」を「理解しようとする」、そんな比喩でもあるのでしょう。でもやはり「石」であることの意味は大きいですね。まるで「意志」の通じないものに対して口説き続ける。これはやはり壮大な「辛抱」と「忍耐」といえます。お釈迦さまもピッパラ樹の下に座り続けて、悟りの道を見つけました。

【解説】「面壁（めんぺき）九年」という諺もあります。「〈だるまさん〉として知られる禅宗の始祖・達磨大師が、中国嵩山にある少林寺に籠り、壁に向かって九年間も座禅を続けて悟りを開いた」という故事に基づいています。釈尊は、種々の苦難に耐え、安らぎの心を保つ行を「忍辱（にんにく）」と名付けています。

因果なもの（いんがなもの）

時代劇を見ていると「因果なものよのう」とつぶやくシーンに出会いますね。「因果」ってなんだろう。「過去に行った行為（善や悪）が、現在の結果（幸福や不幸）につながっている」という考えですね。本来は、善悪両方なのですが、この使われ方をする場合、悪の方が強調されるようです。「因果関係」という言葉がありますが、「原因と結果」という方程式ですね。「悪い原因を作ると、酷い結果を招く」、悪いことをすると、大変なことになりますよ、という警告として使われるようになりました。注意しましょう。

【解説】 仏教では、「善因楽果（善因善果）」「悪因苦果（悪因悪果）」といいます。なるほど、一所懸命勉強して練習に励めば、その結果として良い成績がもたらされ、怠けてしまえば、それなりの結果に留まってしまいます。あたり前のことですが、とても重要なことですね。だからこそ釈尊は、修行に励みなさいと教えて下さったのです。

因縁をつける（いんねんをつける）

現代風に簡単に言えば「クレームをつける」ということですが。仏教では「因」は、物事が生じる直接の力、「縁」は、それを助ける間接の条件、ということになります。まあ、直接、間接の力によって、この世は成り立っているという「確信論」的な考え方と捉えることもできます。「もう決まっているのですから」ということに対して、「納得いかねー」というのが、「因縁をつける」ということです。

【**解説**】種を蒔くことを「因」とすれば、太陽の日差し、雨の恵み、大地のエネルギーなどが「縁」となって、花が咲くという「果」をもたらします。もちろん、花が咲くことが「因」となり、種が実ることが「果」

ともなるのです。因縁は、無限に広がっているのです。

嘘も方便（うそもほうべん）

嘘は本来ついてはいけないとされています。正直に、包み隠さず伝えるのが、コミュニケーションの正しい姿というわけです。ところがこれは、少々違います。嘘も時にはプラスにもなるね、と言っているのです。「方便」というのは仏教では、「人々を教え導く優れた手段」のことですが、「嘘だって」時には「有効な説得手段になるんだよ」というのです。「どうもこれは嘘っぽいな」と思っても、どうしてそう言っているのか、少し考えると、もう一つの真意が見えてくるかもしれません。ちなみに地元語で嘘をいうと、「ウソも方言」となります。

【解説】『大日経』に「方便を究竟（くきょう）と為す」という一節があります。困っている方、悲しんでいる方、辛い思いをしている方に対して、具体的な活動（方便）を通じて手を差し伸べている姿こそ「悟り」そのものに他ならない、というのです。困っている人を救うため、方便としての「嘘」をつくことが大切な思いやりという場面もあるのです。

恨み辛み（うらみつらみ）

「恨み」も「辛み」もあまり歓迎される感情ではありません。ある人の言動によって、自分が窮地におちいったり、憤懣を感じることが「恨み」。そうしたことで辛い思いをするのが「辛み」。どちらにしてもある対象（人や事）に対して、非常に不愉快に感じていることが「恨み辛み」です。もちろんこれに対しては訴えを起こして、法によって裁く「裁判」

という手段もありますが、そういかないものもあります。どうしてそういうことになってしまったのか、もう一度冷静に判断することが大切ですね。幽霊のいう「うらめしや～」は、相手にも、こんなになってしまった自分にも、恨めしく思っているようです。

【解説】 曾我兄弟の仇討ちも、赤穂浪士の討ち入りも、歌舞伎や浄瑠璃などで今も大人気です。この世間から恨み辛みをなくすのは、実に難しいことだなぁと痛感します。浄土宗祖・法然上人が九歳の時、父・漆間時国公は、夜討ちにあいました。その臨終の床で父は、「敵を恨んではいけない。もし深い恨みを持ち続ければ、仇討ちが尽きることはない。僧侶となって悟りを求めなさい」と遺言されました。恨み辛みを本当になくすためには、仏道実践こそ不可欠なのです。

運不運（うんふうん）

生きていれば「幸運」なこともあれば「不運」なこともある。全部が自分で決められるわけではない、まわりのいろいろな関係や条件から、さまざまに決まっていくのです。「巡り合わせ」というか、微妙な幸運力学のようなものによって結果が導かれます。それでも必ずどこかに「不運」の因子は潜んでいて、100％のラッキーというのはやはり相当難しいようです。「運」というのは、「不運」という大きな山の中に埋もれているのを掘り出すのだと思えば、それこそが輝かしい本当の「ラッキー」かもしれません。「うん、ふーん」なんてうなずいていないで。

【解説】「運」の捉え方は、宗教や宗派によってさまざまです。仏教では、幸・不幸は人の力を超えたところで予め決められているという「運命論」ではなく、心を集中して自分の罪を懺悔する「運心」を説きます。幸・不幸を運ぶのは、私達自身の「心」そのものなのです。

縁起がよい（えんぎがよい）

ここでの「縁起」を国語的に表現すれば「物事の始まり」ということでしょうか。そもそも仏教では「因縁生起」といって、物事が生じる直接の力（因）と、さまざまな間接の条件（縁）によって、この世のすべてのものは成り立っているという考え方があります。つまり「縁起がよい」とは、「さまざまな現象の起こる瞬間」がよい、「グッド・スタート」という意味です。「終わりよければ全てよし」という言葉がありますが、これはともかくスタートこそ肝心。「縁起がいいねえ」というのは、こんな始まり方をすれば、神様仏様も味方して、きっといい到達点を得られるだろうといった期待が込められているのですね。

【解説】「因縁をつける」で言及したように（26ページ参照）、種を蒔くことを「因」とすれば、太陽の日差し、雨の恵み、大地のエネルギーなどが「縁」となって、花が咲くという「果」をもたらします。運動会を心待ちにしていたお子さんにとって、目覚めた朝が晴天であれば、「縁起がいい」一日が始まることとなるのです。

往生際が悪い（おうじょうぎわがわるい）

これは「覚悟が出来てねえなあ」といった、その人の決心が揺らいでいて、不安定な状態を批判する言葉として使われます。「往生」は、この世を去って仏さまの浄土に生まれ変わること。「往生際」はその瞬間のことをいいますから。そんな命の終わりの瞬間という大事な時に、何かグズグズ悩んでいるのは、「往生際が悪い」ってわけです。判断しなければならないときは、意を決して断じましょう。そういえば、「優柔不断」なんて、褒めているのか透かしているのかわからない言葉もありますが。「なかなか決めない」これ似ています。

【解説】日頃、立派な振る舞いをされたお坊様であったものの、臨終にあたり取り乱してしまい、多くの方の失笑を買った、という話は多く伝えられています。どれほど修行を積んでも、臨終にあたり、私達の心はさまざまな思いから散り乱れてしまうものです。阿弥陀さまは、そんな私達の心の弱さをよくご存じで、お念仏を称えた人のもとへ来迎して、私達の心を静めて下さるのです。なるほど、阿弥陀さまが迎えにきて下されば、往生際が悪くなることはなさそうですね。

お**慈悲**でございます（おじひでございます）

「慈悲」の文字だけを見ると、「慈しんだり、愛したり、悲しんだり」みたいな、喜怒哀楽な人生を想像してしまいますが。楽しみを与えることが「慈」、苦しみを除くことを「悲」。それを合わせて「慈悲」なのです。これは、相手の立場をちゃんと理解していないと、とても出来ることではありません。それも「私」という人間だけではない、「衆生（生きているもの全て）」に、ということなのですから。さて「お代官様、お慈悲でごぜーます」などと、窮地の理解を要求しても、お代官クラスでは、それを実行出来るとはとても思えません。ひとまず「許

してくだせー」ぐらいにとらえておきましょう。

【解説】仏や菩薩が、私達にとって本当に必要なものを与えてくれることを「慈」、私達の苦しみや悲しみを取り除いてくれることを「悲」といいます。「慈」の原語は「友情」、悲の原語は「悲しみの共有」という意味があります。古来、慈悲の心として「人の喜びはわが喜び　人の悲しみはわが悲しみ」と語り継がれています。実践したい言葉です。

お達者で（おたっしゃで）

「丈夫・元気」なさまを「達者」といいますが、これは身体上のコンディションだけのことではありません。技能や知恵においても、達人級の力を持っている人を「達者」と称します。「アイツ、恋愛がお達者で」

などというと、「恋愛好きなんだよね」といった皮肉にもなりますが。「お達者で」というと、それが別れの言葉にもなります。「元気でいてね」ということなのですが、やっぱり体を気遣いますよね。

【解説】 達者という言葉は、必ずしも仏教語ではありませんが、仏教の典籍において「かの上人は、○○宗の達者たり」のように、教えの深奥に到達した者、行を究めて高い宗教的境地に至った者などと広く用いられるようになりました。もちろん、そう簡単に「達者」とは呼ばれないものですが……。

お布施（おふせ）

「布施」というのは、お金や物をあたえたり、相手の利益になるように行動することをいいます。英語でいうドネーション＝donation（寄付）も、「布施」の意味をいう梵語の「檀那＝donor」から来ているのです。日本の「旦那」も「お布施」をする人の意味です。近年は社会参加が重要視されて、災害や戦火の地に、救援の物資やお金を送ったり、ボランティア活動をしたりしますが、これも21世紀の「お布施行為」。昔からあることです。大切にしたいですね。

【解説】布施とは、困っている方に衣服や食料など必要なものを施し与えることです。布施を実践するにあたり、①布施する者、②布施を受ける者、③布施されるもの、の三者が清浄であることが大切であるとされています。「布施をした俺は偉い」「俺は布施を受けて当然だ」「盗んだものでも構わないだろう」ということではいけないのです。

御百度参り（おひゃくどまいり）

どうしても聞き届けてほしいお願いがあるとき、百遍お願いすればというお参りの様式をいいます。やり方もいろいろあるようですし、そのカウント方法も、小石を並べたり、算盤玉のようなものを設置している寺社もあります。１９９１年に放映された『１０１回目のプロポーズ』（浅野温子・武田鉄矢主演）も、１０１回もプロポーズすればなんとかなるといったラブ・コメディでした。ちょっとしつこいですが。だからといって１００回お願いしても、叶えられないこともあります。そのときは１００回もお願いした自分を、ほめてあげることです。

【解説】そもそも御百度参りは、神社やお寺に百日間毎日参拝するもので百日詣と呼ばれていました。それが次第に簡略化され、寺社の山門や鳥居から本堂や拝殿まで行って参拝し、また山門や鳥居に戻ることを百回繰り返すようになりました。昔の方も忙しない日々を送っていたのですね。

恩人（おんじん）

草木の芽が太陽の熱や光によって「芽ぐむ」こと、それが「恵」です。「恵み」を与えられることが「恩」、与えてくれた人が「恩人」。「恩恵」という言葉があるように、それは一対なのです。しかも「恩」は人からだけではなく、世界のいろいろなものからも受けています。「恩」を感じるのは、そのことによって自分が「恵まれている」ということを、認識することなのですね。傷ついた鶴が助けてもらった男の家に、人間の姿でやって来て、機を織ってお返しする、それが『鶴の恩返し』の物語。自分の羽根をむしってまでして機を織るなどしたら、元も子もないと思いますが、「恩」はそのくらい深く、かけがえのないことなのです。

【解説】『父母恩重経』というお経があります。その教えを和讃（184ページ参照）にした「父母恩重和讃」の冒頭に「あわれ同胞（はらから）心せよ　山より高き父の恩　海より深き母の恩　知るこそ道の始めなれ」とあります。自分の命を生み、育んでいただいた両親の恩を知ることが人としての道を歩む第一歩ということです。忘れないようにしたいものです。

か行

加持祈禱（かじきとう）

よく「神のご加護」などと言いますが、あれが「加持」です。「あれもこれも持ちなさい」といった欲張った気持ちではありません。ましてや「家事」が上手になるなんて祈ることでもありません。如来さまの超越的な力によって、生きているもの全てが守られているというのが「加持」。そのために用意される供物（くもつ）や、香水、念珠といった道具類も「加持」といって、それをいつも綺麗に使うために清めておくことを「祈禱」といいます。ご利益があるようにいつもそうした心がけでいる。「準備万端」これこそが「加持祈禱」の大前提です。

【解説】 加持とは仏の智慧と慈悲が衆生に加わり、衆生がそれを受け止めて保持すること、祈禱は儀礼を通じて息災や増益などの祈りを捧げることです。密教において行者は、手に印契（いんげい）を結び、口に真言を唱え、心に本尊を観じ、仏と一体化すること（三密加持）によって、そうした祈りの実現を目指します。私達の祈りを実現するためにも、全身全霊を通じ、まごころを込めて努めることが大切です。

我執が強い（がしゅうがつよい）

「私はどうも思い込みが激しくて」というのが「我執」です。一度こうと思ったら、なかなか修正できない。客観性がない。これは結構困りものです。わかっちゃいるけどやめられない、というのは辛いものです。英語でいう「アイデンティティ」は、「私は私」「個性」の意味を持つ「個人尊重」の重要な言葉です。ちょっと「我執」批判とぶつかりますね。でも仏教ではそうした性向を戒めています。「無我」という言葉もありますが、いずれにしても社会全体を広く理解して、主張が迎え入れられるような態度で、行動するのが大切だということです。

【解説】 釈尊は、①あらゆるものは常に移り変わっており（諸行無常）、だからこそ、②永遠に存在するもの（我）はなく（諸法無我）、そのことを体得できれば、ありもしない「我」に執着することなく、③静寂な境地に至る（涅槃寂静）という三つの真理（三法印）を明らかにされました。「おれがおれがの我を捨てて、おかげおかげのげで進め」。

こうした気持ちを忘れないようにしたいものです。

合掌する（がっしょうする）

掌と掌を合わせること、これはみなさんも知っての通り、お祈りする時の基本動作です。ではなぜ掌を合わせるのか。それにもちゃんとした意味があるのです。インドでは右手は聖なる手、左手は不浄の手とされています。仏さまは本来清らかな存在、自分はいろいろと問題ありの存在。両掌を合わせることによって、仏さまに寄り添う、そんな意味があるのですね。改めて手のひらを見ると、何か違う感じがしてきます。日本人はちょっと合掌して「お願い！」の合図にしますが、仏さまはそんなに簡単に願いを叶えてくれるわけではありません。心の裏までお見通しの力を持っています。見透かされてしまったら、願いも叶いません。まずは「合唱」団にでも入って、清らかな歌でも練習しましょう。

【解説】 右手と左手。どちらが聖でどちらが俗であるかは宗教や宗派によってさまざまです。どちらであっても、合掌すれば尊い姿となるのです。仏教詩人・坂村真民は「両手の世界」という素敵な詩を詠まれました。「両手を合わせる／両手でにぎる／両手で支える／両手で受ける／両手の愛／両手の情／両手を合わせたら喧嘩もできまい／両手に持ったら崩れもしまい／一切衆生を／両手に抱け」

伽藍とした（がらんとした）

僧侶が生活しながら修行する場（寺院）のことですが。仏像が安置された仏殿（金堂ともいいます）、勉強する講堂、その他、寝食するさまざまな施設全部をひっくるめて「伽藍」といいます。どちらかというと建築的な視点からの言葉ですね。祇園精舎のような「精舎」となると、修道施設という意味になります。「伽藍堂」というのもあって、僧侶が修行する建屋ですが、結構大きな空間だったりするので、それが「ガランドー」といったり、「ガランとした」なんていう言葉に、転化していったのです。だから「誰もいない」なんて意味ではなかったんですね。昔は建築的に大きな空間が珍しかったという証拠でしょう。

【解説】 完備されている堂宇を総称して七堂伽藍といいます。禅宗の場合、①三門（正門）、②仏殿（仏像を安置する建物）、③法堂（仏教を学ぶ建物）、④僧堂（僧侶が修行に励む建物）、⑤庫裡（台所）、⑥東司（便所）、⑦浴室の七つです。食事も、手洗いも、入浴も、修行の一部ですから、細かい約束事が決められています。蛇足ですが、目の前の温かいご飯が冷めないように食事の前のお経は少し早めになりがちです……。

堪忍袋の緒が切れる（かんにんぶくろのおがきれる）

現実のこの世界を「娑婆＝しゃば」といい、それには「耐え忍ぶ」という意味があります。この世は苦難困難に満ちあふれているということなのでしょう。だから「堪忍」の気持ちを持って生きなさいと言っている。どうやら私たちのこの大切な「堪忍」は、袋に入っていて、それをしっかりと塞いでいるひも（緒）が時々切れる。そうなると抑えようもなく「堪忍」が飛び出して、「やってられるか！」と暴れ出し

パカッ!
ブチ

たりする。相手をしていた人がそんな状況になるともう大変なので、そうしたときにいち早く「堪忍してください」とお願いしましょう。

【解説】古来、「ならぬ堪忍するが堪忍」といって、「どうしても我慢できないことを我慢する」のが、本当の意味での忍耐だと言われます。20年程前、檀家参りの際、亡くなったお母様のメモ書きがお仏壇に飾られていました。そこには「堪忍袋の緒が切れた。切れたらまた縫え、切れたらまた縫え」と記されていました。そうです、一度堪忍袋の緒が切れても、また縫い直せばいいのです。

帰依する（きえする）

文字からの解釈は「帰るところがある」ということになりますか。「うやまう・よりどころとする」ということ。仏教的にはもちろんもっと深い教義があります。「教えを深く信じて生きる」、絶対的な信頼と尊敬のもとに修行・行動することになります。現代はともかく「オレオレ詐欺」をはじめ、人をだますということが横行しているので、「帰依」よりも「懐疑」の方が先行する社会です。いつの時代も「疑いのない世界にたどりつきたい」という気持ちが、「帰依」という「信仰心」による、解決策を生んだのでしょう。深慮大胆な決意ですね。

【解説】 浄土宗祖・法然上人の言葉に「はじめにはわが身の程を信じ、のちには仏の願を信ずるなり」とあります。なるほど、自分自身の弱さや至らなさをしっかり自覚することによって、はじめて神仏に帰依し、神仏の救いを素直に信じる心が湧き起こってくるのです。

喜捨する（きしゃする）

「喜びを捨てる」ということではありません。いや、「自分のための喜びを少し諦める」という感じはありますね。寺社や僧侶、あるいは弱者、金品を稼ぎだすためにあるのではない施設や人々に、寄付する行為を「喜捨」と言います。これには、財力や物欲の拘束から開放されなくてはできないことですね。精神性と物質性を交換するような、不思議な取り引きが成立しているようにも見えます。そうですね、「金には換えられない」という価値に対する行動です。現代では年金保険や、福利厚生といった社会システムが、「喜捨」に変わっていますが、やはり精神性の豊かさまでには、到達していないかもしれません。

【解説】２０１０年、「断捨離」が注目され、新語・流行語大賞にノミネートされました。「断捨離」は、迷いの世界である輪廻から離れ出るためのヨーガの実践に由来するとされます。不要な物を「断ち」「捨て」、物への執着から「離れる」ことによって心の平穏が訪れると説くのです。物惜しみの心を捨てて、喜んで施すこと（喜捨）ができるよう努めることが大切です。

行をする（ぎょうをする）

この本もそうですが、文字が並んでいることを「行＝line」といいます。人が列んでいると「行列」。「どこかに行くこと」も「行＝go」。「何かを行うこと」は「行事＝event」。仏教でいう「苦行・勤行・修行」など、大切な勤め修練も、簡単な英語で言うと、「行＝training」ということになります。「練習をする」ということですね。哲学でいう「行為・実践」は「行＝act」です。良いことをやることが「善行」、悪いことをやることが「非行（悪行）」、空を飛ぶことも「飛行＝flight」。ひとつの達成に向かって行動を続けること、それが「行（ぎょう）」の基本形。「どうする？　行する！」

【解説】 釈尊は、多くの経典を通じて無数の行を説示されました。その中、ほどこし（布施）、いましめ（持戒）、しのび（忍辱）、つとめ（精進）、しずけさ（禅定）、ちえ（智慧）の六種の修行（六度、六波羅蜜）が有名です。これら六種に菩薩が修めるべきすべての行が含まれていると考えられています（六度万行）。

空（くう）

「空」はもちろん「sky」のことですが、「何もない」「からっぽ」「むなしい」といった意味もあります。透明な秋の空を見つめたひとつのイメージかもしれません。仏教思想では「空＝無」と解釈することが多く、「色即是空」という根本教義に集約されます。「色」は全ての物質や現象のこと、「空」は実態のないもの。「色は空」だと言っています。一見「虚無思想」のようですが、そうではなくて「物質や現象」に、簡単に心惑わされてはいけないよと、教えているのです。

【解説】かつて奈良県薬師寺に高田好胤上人という高僧がおられました。『般若心経』の写経を通じて、白鳳時代の伽藍の復興に尽力されました。

そんな中、「かたよらない心　こだわらない心　とらわれない心　広く広く　もっと広く　これが般若心経　空の心なり」という言葉を薬師如来から賜ったのです。「空」を伝えるにあたり、これ以上簡潔で分かりやすい言葉はありません。

久遠の誓い（くおんのちかい）

「昔むかしあるところに」で始まる昔話、これが「久遠」です。いやもっと遠い昔、お爺さんやお婆さんが住んでいた頃より、もっともっと遠い昔のことをさします。そしてある状態が変わることなく、続いているというのが肝心です。不変不朽の「永遠」に近い意味と考えてよいでしょう。だから「久遠の誓い」といえば、「変わらぬ約束」ということになります。ということで、「久遠」は「過去」ばかりではなく、「未来」にもつながる意味を持っているのですね。だって変わらないのですから。

【解説】『法華経』の中に「私（釈尊）が、悟りを開き成仏を遂げてから今に至るまで、長く久しい時間を経ている（久遠）」という一節があります。今から2500年前に悟りを開き、80歳で入滅された釈尊（迹門）ですが、実は私は、永遠の過去において成仏（本門）し、衆生を教化し続けていると仰ったのです。時間と空間を超越した大乗仏教の誕生です。

功徳がある（くどくがある）

「口説く」というのは、自分が望んでいるようになるように、説明すること。「君をガールフレンドにしたい」つまりそんな相手に自分がふさわしいのだと、紹介するようなことですね。でも「いや！」といわれてはおしまいです。この「功徳」は違います。まず「よいこと」をしなくてはなりません。それが仏さまに認められると、「恵み」を得ることが出来ます。それが「功徳」です。まず彼女を口説く前に、彼女にとってよいことをする。するときっといい結果が現れてくるでしょう。

【解説】 善行によって具わる特性や利益を功徳といいます。そもそも、仏教の開祖である釈尊は、修行を重ねたことによって悟りを開き、成仏を遂げるという功徳を得られました。多くの仏や菩薩、そして、あらゆる世界に広がる浄土も、修行の功徳に他なりません。まさに仏教は、功徳の教えとも言えるのです。私達も、できるだけ多くの功徳を積み重ねることを心掛けたいものです。

工夫する（くふうする）

「工夫」にも色々な種類があります。おいしい料理を作るのに、取り合わせや、調理の方法を考えたり。スマホをとっても、最初は小さくなる競争をしていたのが、だんだん大きくなってもいいなと大きさを変えていったり。つまり、そのものを改良したり、時代にふさわしいものにすることを「工夫」と言います。仏教の世界では「修行に専念」すること、一心に座禅をしたりすることを「工夫」と言います。そこには「想像力を超えた何か」を求めているのですね。一般にいう「工夫」はその少し手前、想像力で欲求を具体化する作業をいいます。

【解説】曹洞宗の宗祖である道元禅師は、「悟っていない私が仏を目指して行を修めるのではない。悟っている私が仏として行を修めるのである」と捉え、これを仏作仏行と言われました。坐禅の実践は言うまでもありませんが、日常の一挙手一投足もまた仏作仏行でなければいけないのです。大いに工夫が必要となりますね。

供養する（くようする）

「親ガチャ」なんて言葉が炎上しましたが、「親を選べない不公平」。あんな親から生まれて「ほんとソンしてる！」なんて、結構リアルな反応もあるようです。死後の世界の「冥界」にも、極楽浄土や地獄があるように、幸も不幸もあります。そちらに行かれた死者たちの幸福を祈り、経を唱え、お供えをしたりすることが「供養」です。「冥界での幸福」のことを「冥福」といいます。父母、祖父母や、もっと先の祖先を大切にしましょうという心得。不平たらたらの私でも、こうして生まれてきたのは、やっぱり彼らがあってのことなのですから。

【解説】供養とは、飲食・衣服・財物等を仏法僧の三宝や父母、師匠、亡者などに供えることです。目に見える物を供養することばかりではありません。例えば、二種供養では、財物の供養（財施）と共に仏法で人々を導くこと（法施）を、三種供養では、衣服（利供養）や香華（恭敬供養）と共に仏道の実践（行供養）をそれぞれ挙げています。心掛けたいものですね。

解脱した（げだつした）

イリュージョンに「縄抜け男」がいますが、縄にギリギリに縛られて、危険が迫る。と、スルッと縄抜けして逃げる。彼が「解脱の天才」です。欲しいものが手に入らずに悩んだり、思いもよらぬことが起こって苦しんだり、「なんで私はうまくいかないんだ！」と、身動きが取れなくなるように、意識の縄に自分が締め付けられる。それがするすると解けるように自由になること、「呪縛」から解放されることを「解脱」と言います。「でもなんでそんなにうまく、縄が解けるの？」それは自分が執着しているさまざまな欲望、誤解、慢心などの「煩悩」を、正しく理解するかどうかです。「凡能」な人では、難しいかもしれません。

【解説】苦しみの世界から解き放たれること、迷いの世界から離れ出ることを解脱といいます。そもそも、苦しみの世界や迷いの世界に私達を結びつける原因こそ煩悩であり、そうしたことから、煩悩を「結」と呼んでいます。そんな煩悩の固い「結」び目を「ほど（解）」いて下さるお方こそ「ほとけ（仏）」様なのです。

結界（けっかい）

ひとつの約束（ルール）を共有し守っている区域の、国境のようなものが「結界」です。このルールを仏教では「戒律」といい、憲法のように大切に守ります。しかし「結界」は実際にあるというよりも、想定された世界と考えてよいでしょう。邪悪な「外道」や「悪魔」が住んでいる外側を前提として結界を引く、「強い結束力を持った世界」です。今日では、異なる様相、思想、通念などを持って、隣り合わせている緊張感のあるギリギリの場を、「結界」と呼んだりします。「けっこう、あんたと私、結界だね」なんて感じで。

【解説】広く仏教各宗派において、結界を張って清浄な場を設け、そこで大切な儀式を執行することがあります。例えば、堂内の四隅に四天王を安置し、その四方に香水（こうずい）を散じる洒水（しゃすい）の作法によって、堂内への災厄の侵入を防ぎ、堂内を清浄に保つのです。そして何より、こうした結界の作法を通じて、儀式に連なるすべての人が厳粛な思いを共有することとなるのです。

極楽浄土（ごくらくじょうど）

「パーフェクト・ハピネス」「ネバー・プロブレム」とでもいうのでしょうか。そういう場所です。「西方十万億土」というものすごく遠くにあるのは、簡単には行けないところという案内なのでしょう。キリスト教でいう「天国＝パラダイス」と近い概念ですが、これも遠いところにあるというイメージですね。宇宙飛行士が遠い星を目指すように、宇宙の果てには想像を絶する、パーフェクトな星があるといった想いにもつながりますね。宇宙飛行士の何人もが、地球に帰還して強い宗教心を持ったりしていますが、広大無辺の宇宙は、あるいは信仰が生まれる根源なのかもしれません。

【解説】薬師仏の国土は瑠璃光浄土、阿閦仏（あしゅくぶつ）の国土は妙喜世界、毘盧遮那仏（びるしゃなぶつ）の国土は蓮華蔵世界、観音菩薩の住処は補陀落（ふだらく）世界、弥勒菩薩の住処は兜率天（とそつてん）……。経典には、実に多くの浄土が説かれていますが、浄土といえば阿弥陀仏の極楽浄土が真っ先に上がります。それはどんな人でも〈南無阿弥陀仏〉とお念仏を称えれば必ず迎えに来て下さるからです。ちなみに、私達の距離感では極楽はとても遠いのですが、阿弥陀さまにお運びいただくので、あっという間に到着して、速やかに菩薩の道を歩み始めることができるのです（去此不遠）。

御朱印帳（ごしゅいんちょう）

神社仏閣をめぐって「朱印」を集める「御朱印帳」、あ、私もやってる！

という人も多いかもしれません。結構なブームになっています。大きな印だけではなく、寺社名や、本尊名などを墨書してもらう、「お参りした証し」ですね。これは戦国時代以降の将軍や武将が、公文書にサイン押印したのが始まりです。「御朱印船」は、外国貿易を許可する証明書（朱印）を得た船のこと。デジタル時代に「印＝判子」は存在感をなくし始めていますが、「寺社巡りコレクション」は、信仰と観光を結ぶ、ゆるやかな役割を担っています。

【解説】 神社や寺院において、参拝者向けに押印される印章や印影を朱印、御朱印といいます。神社や寺院の名称を朱色で押印した上から、「奉拝」の文字、参詣した年月日、本尊の名称、神社や寺院の名称などを墨書し、こうした墨書も含めて御朱印と呼んでいます。本来、寺院に写経を納めた証として受けていたのが朱印です。ですから、写経を納められない場合には、その神社や寺院の教えに基づいて、しっかり神様・仏様にお参りすることを忘れないようにして下さいね。

ご臨終（ごりんじゅう）

「忌野清志郎」という特別なミュージシャンがいましたが、「忌（いまわ）」は人が死のうとする間際、「臨終」のことを言います。こうした一般には「忌み嫌われる」言葉を選んで使うことには、それなりの意味もあります。「禍い転じて、福となす」といった、「逆転の思想」ですね。「もうこれ以上悪いことは起こらない」といった、上昇志向かもしれません。でも彼は2009年5月2日、59歳で亡くなってしまいました。少し早い臨終でした。お墓は高尾山の高乗寺にあります。

【解説】古来、命終に臨んだ際、人は三種の心（三愛）を起こすと言われます。①境界愛（家族や財産等への執着）、②自体愛（自身の身体や命への執着）、③当生愛（死後の世界への不安）です。法然上人は、阿弥陀仏が迎えに来てくれることによって、こうした執着や不安が滅せられるとお示しです。それはきっと仏様が、「何も心配することないよ」とやさしく声をかけて下さるからでしょう。

勤行（ごんぎょう）

「お勤めを行うこと」、つまり「経を読む」「礼拝する」ことが基本になります。でもそれだけではなく、そうした中で、「懺悔（さんげ）」の気持ちを確認したり、恩師に感謝したりすることも忘れません。でも、そんなに私は「懺悔＝悔い改め」するようなことはしていないと思うし、先生にもそれなりの尊敬はしていると思うし、周囲には気をつかって生きているつもりだけど。ところがです。そんな私たちの毎日の行動の中に、けっこう「イエローカード」が出されていることを、分からないでいるだけなのです。勤行をしっかりすると、このイエローカードが見えてきます。勤行、やりませんか？

【解説】 お寺の子供の多くは、小学一年生の夏休みになると、朝、目覚めると当然のように本堂に連れて行かれて勤行をします。良いも悪いも、好きも嫌いもありません。もちろん、お経の意味などちんぷんかんぷんです。でも、それで良いのです。三つ子の魂百まで。いつの間にか、「仏の子」の出来上がりです。もちろん、始まりの年はいつでも構いません。勤行、やりませんか？

さ行

悟る（さとる）

「悟くんっていう、友達いる！」という人もいると思います。名前というのは、親がこんな人になってくれたらいいな、という期待を込めてつけたりします。「明くん」だったら明るい人になって欲しいみたいな。さて「悟くん」一体どんな期待が込められているのでしょうか。英語の辞書を引くと「enlightenment」と、出てきます。「啓発・理解」といった意味ですね。でも仏教では、もう少し深い意味があります。「迷いの世界」から抜け出して、「真理」を体得することとなります。「ほんとに、ほんとだよね！」というのが「真理」。そういえば「真理さん」という名前の友達はいませんか。

【解説】悟り（覚り）とは（真理に）目覚めること、あるいは（真理に）目覚めることで「目覚めた人」を意味します。仏教はひとたびこの「目覚め」、真理の世界に入れば、それまで現実と考えていた世界が夢のように感じられるとしています。

触らぬ神に**祟り**なし（さわらぬかみにたたりなし）

出雲大社は大国主命を、神田明神は平将門を祀っています。不遇不運な最期を迎えた人の霊が「祟り神」となって禍（わざわい）を起こすかもしれないと、それを鎮めるためにお祀りするのが「御霊（ごりょう）

信仰」です。「でもそんなことをすると、かえって面倒なことにならない？」というのが「触らぬ神に祟りなし」です。「仏ほっとけ、神かまうな」なんてすごい言葉がありますが、「面倒なことには、関わらない方がいいよ」といった逃げ腰的な態度ですね。災が降りかかるのは困るけど、見て見ぬふりをしてしまうというのも、問題ですね。

【解説】物事にかかわり合わなければ、余計な災いを受けることもないという意味です。「触る」自体は、かかわり合いを持つという意味が含まれています。ただし、救いを求めている人へ、救いの手を差し出す大切さも忘れてはいけませんね。

懺悔の値打ちもない（ざんげのねうちもない）

「ついうっかり悪いことをしてしまいました。お許しください」と、仏さまに報告するのが「懺悔」。でも本来は、それを「耐え忍んで許すこと」のことなのです。仏さまに「懺悔」していただいて、初めて罪から解放される。実はその痛みは、仏さまが感じているものなのですね。以前、北原ミレイという歌手が『ざんげの値打ちもない』という歌を歌ってヒットしましたが、「謝罪報告する必要もないほどのこと」なのか、「そもそも許されるはずのないもののこと」なのか。作詞家の阿久悠さんは亡くなられているし、ややこしい。ともかく「懺悔」するようなことはしないことです。

【解説】仏教では「さんげ」と読みます。仏教において罪を滅し、身を清めるための最も重要な行いのひとつとされています。『大正大学勤行式』には懺悔文「我、昔より造りし諸々の悪業は……」が入っています。お読みする際には、悔い改める気持ちでお読みしましょう。

三途の川を渡る（さんずのかわをわたる）

この世（現世）と、あの世（彼岸）の間を流れる川が「三途の川」です。しかしひとつの川ですが、「三途」といわれているのは諸説あり、この世界には「地獄」「餓鬼」「畜生」という三つの道（国）があって、それを分けているので「三途」と呼んだりしています。橋のない川を渡るのは難儀なことで、この川のほとりには、服をはぎ取るお婆さんがいたりして、たくさんの説話、エピソードが描かれています。覗いて

みたくなるような、バッド・ファンタジーのアニメを見ているような感じ。「三途の川を渡る」というのは、「あの世」に行くことです。

【解説】三途の川は、現世と冥土との境界に流れており、死者が渡るとされる川をいいます。中国の十王思想の影響を受け、日本で広く受容され、日本の文献において初見は、弘仁11年（820）頃成立した『日本霊異記』とされています。それ以降、諸文献に見られる三途の川の描写は時代によって変化しています。

三千世界（さんぜんせかい）

本来は「三千大千世界」といって、世界というよりも、宇宙観（コスモロジー）的な、巨大、膨大な世界のとらえ方です。ここまでは、仏教の教えが届き、秩序を守っている世界とされます。大きい領土を持っているのです。世界の中心には「須弥山（しゅみせん）」という聖なる山があって、これが世界軸になっています。「世界」はもとより「国家」よりも大きな概念であり、その大きな「世界」が、千単位でくくられ組織されて、大きな大きな世界観、宇宙観をとらえようとする。その想像力の大きさには、驚きを持って敬服します。

【解説】 仏教では須弥山を中心とし、その周りを囲む四つの山や八つの海、また四大洲という陸地などによって一つの世界が作られているという考えがあります。この須弥山世界が千個で小千世界、小千世界が千個で中千世界（あるいは二千界）、中千世界が千個で大千世界（あるいは三千大千世界、三千世界）です。あらゆる方向に三千大世界が広がっているとするのが、仏教の宇宙観です。

色即是空（しきそくぜくう）

「空」の項でも触れましたが（55ページ参照）、仏教の根本思想です。「色」は、この世のあらゆる現象事象のこと、「空」は実体がなく空無であるということ。つまり、あらゆる現象事象は、「あるように見えているけど、何もない」といっている。ところでこの反語「空即是色」が続く。この二語が一体となって完結する。つまり「何もない」には、「あらゆる現象事象がある」というのです。「無一物無尽蔵」という言葉がありますが、「何ひとつないこと、それは汲み尽くせないほどあること」に近いかもしれません。「無」は全てを内包している。まるで宇宙の「闇」のように。

【解説】玄奘訳『般若心経』に出てくる有名は言葉です。この世にある一切の現象には実体がなく、不変なる実体など存在しないことを意味します。また、対となる空即是色は、実体がないからこそそのものがそのものとして現象し存在することを説いています。

癪に障る（しゃくにさわる）

「ムカつく！」ということです。もともとは「持病のシャクが」という表現がありますが、腹部に痛みを感じること。どうやら内臓の疾患を「癪」と呼んでいます。平安時代から「陰陽の気」が、内臓に腫瘍を作るようなところまでは解明していたようです。「病は気から」というようなに。この「陰陽」、「陰陽五行説」といって、「木・火・土・金・水」

の5大元素で、人体から宇宙までの現象を解読する、古代中国思想があります。もちろん仏教思想と無縁ではありません。「癪」に戻りますが、内臓疾患ですから「ムカつく!」がやっぱり近い感覚でしょう。「ほんとに嫌な感じ!」ですね。

【解説】不快で心持ちがむしゃくしゃすることや腹が立つことを意味します。癪に障ることがありましたら、ぜひ、仏教の教えを思い出してください。仏教には、心のあり方、心の整え方などを説いた教えがあります。

地獄に仏（じごくにほとけ）

英語でも「Buddha in hell」とあるくらいですから、広く使われているのでしょう。地獄にいるような苦しい状況の中で、「仏さまに会ったように解決できて助かった」ということで、仏さまが出てきたわけではありません。いや、解決の糸口を作ってくれた人を「ホトケ」と呼んでもよいのかもしれません。餓鬼に追いかけられたり、火焔に包まれたり、「地獄草紙」などを見ると、「地獄」はやはりあり得ないような苦渋、阿鼻叫喚の世界。そんな世界でも仏さまの目は届いていて、救ってくださるということです。

【解説】 地獄とは悪行の報いで堕ちていく地下の牢獄のようなところです。生前の罪によってさまざまな責め苦を受けるところです。地獄の描写は、平安時代に活躍した天台宗の源信（９４２―１０１７）が著した『往生要集』に詳しく書かれています。くれぐれも地獄へ堕ちるような罪は作らないように、心正しく歩みたいものです。

地獄のさたも金次第（じごくのさたもかねしだい）

現世で悪いことをした人が、閻魔大王の裁きを受けて、苦しみを受けるために送られる場所が「地獄」です。ここは監獄や、刑務所なんてものではありません。相当辛い思いをします。他の宗教でも、「地獄」は用意されています。「こらしめ・戒め」の意図が込められているのですね。ところがそんなところでも、お金さえうまく都合すれば、苦しまなくてもすみますよという、賄賂で難を逃れられるという拝金主義。これは、現世ではあり得そうなことではありますが、そんなことをすると、「本物の地獄」に落ちますよ！

【解説】「さた（沙汰）」は、裁判・裁定の意味です。そのため、この世の全ては金の力が物を言うというたとえとして使われています。

四十九日（しじゅうくにち）

「葬儀」にはきちんとしたスケジュールがあります。まず「初七日」、亡くなられてから7日目、故人が三途の川のほとりに到着します。「三十五日」は閻魔大王に面会する。「四十九日」までは「忌中（きちゅう）」といって、身内の死を慎んで過ごします。「百箇日（ひゃっかにち）」は、もう嘆き悲しまなくてもよいですよ、という日になります。身近な「死」と、どのように対応すればよいのか、ある意味では合理的なスケジュール表を作って、生活できるようにしています。でもやはり基本は、いつも心に留めておくことの約束なのですが。

【解説】人の死後、四十九日目、また七七日（しちしちにち／なななぬか）、満中陰ともいい、その期間を中有、或いは中陰と呼んでいます。この中有の思想はインド伝来のものと言われていますが、七七日の供養を行うようになったのは中国伝来以降とされています。

釈迦に説法（しゃかにせっぽう）

お釈迦さまは仏教思想を立ち上げられた、仏教の開祖です。そんな人に「説法＝仏教の教え」を説くようなことすること。ピカソに「近代絵画っていうのはさ」と、解説するようなことですね。「世間知らず」というか、「無知」をさらけ出すような行為です。「釈迦に説法だよ」といわれたら、「おいおい、私をバカにしているのかい」「なんて常識

Seppo
Ni
Shaka
100円

知らずなことをしてるんだ」ということになります。「わかってる？・」「失礼しました！　釈迦に説法ですよね」

【解説】釈迦に説法とは、その道のことを知り尽くしている人に、それを教えようとする愚かさのたとえです。仏教の開祖である釈迦に対して、仏法を説くという意味からです。謙虚さも必要な場面があることを考えましょう。

修験（しゅげん）

山深い山岳には、霊地（サンクチュアリ）があると考えられていて、そうした場所に踏み込んで修行すること、修行する人のこと。「山岳宗教」と呼ばれたりするものです。世界の各地に霊場があるのは、そうした過去の修行に求められていた、霊験（人の知恵を超えた不思議な力）のある場所です。仏教と神道が重なる「神仏習合」のハイブリッド信仰でもあります。教域を超えて修行の本質に迫ろうとする。「学ぶ・体得する」ことの基本は、さまざまな信仰に共通するもの。「辛い思いをする」「それを克服する」は、学習の基本のようです。

【解説】 修験道は、7世紀に活躍した役小角（えんのおづぬ）を始祖とし、山岳信仰が神道・仏教・道教・陰陽道などと習合し鎌倉時代初期に成立したと考えられています。霊山などでの修行と、それによって得た験力（げんりき）に基づく宗教活動から「修験者」、山野に起臥（きが）することから「山伏」と呼ばれるようになったとされています。

住職（じゅうしょく）

「住持職」というのが正式な仏教職名で、ひとつの寺院を管理運営する僧侶のことをいいます。「住職」は略称で、その表記のように基本お寺に住まわれています。宗派によって呼び方は色々に変わりますが、「和尚（わじょう／おしょう）」「阿闍梨（あじゃり）」「方丈（ほうじょう）」「老師（ろうし）」などなど、色々な呼び名を持ちます。関西では「ごえんさん」と呼ばれたりしますが、別に「ご縁」を取り持つということではなくて、「ご院主さん」がなまり縮まってそう呼ぶようになったようです。親しみの表現なのですね。

【解説】 住職の呼称については、各宗派さまざまです。また、「住職」

資格についても宗派ごとに規定が設けられています。僧侶であれば誰でも住職になれるとは限らず、学歴や修行年数など一定の資格が必要とされる場合もあります。

出家する（しゅっけする）

仏教の道に本格的に入る大きな儀式を「出家」といいます。今まで一緒に暮らしていた家族とも離れて、仏教の師のもとにつき、「戒律＝仏教的な約束」を守って生きていく。そのためにはいくつかのやらなくてはならないことがあります。髪の毛を剃る「剃髪」も、そのひとつです。現代では「家出」というと、家族の元を出て、自活する生き方を選ぶことで、たいていは、家族とのいさかいが原因だったりしますが。「出家」は、仏教の道を極めるための「決心」と考えるのがよいでしょう。

まあ「家出」も、それなりの決意で家を飛び出るのでしょうが。

【解説】世俗の生活を離れるために家を出て修行の道に入ること、また入った人をさします。出家人、道人（どうじん）、沙門（しゃもん）ともいわれ、一般には僧侶の同義語として用いられています。

荘厳（しょうごん）

お寺に行くと、仏像が安置されている周辺が、黄金に輝く「荘厳（そうごん）」な世界で彩られています。キリスト教にも共通する祭壇の黄金化は、極楽浄土におられる仏さまたちのイメージを視覚化したものなのでしょう。寺社は極楽浄土への入り口なのだというメッセージを、ヴィジュアル化しているのですね。「荘厳」は仏教では「しょうごん」

と呼んで、おごそかに飾ることで、敬意と、緊張、憧憬のような心を抱かせる装置にもなっている。ゴージャスと清貧の、見事な取り合わせです。

【解説】『阿弥陀経』には、美しく荘厳された極楽浄土の様子が記されています。その仏国土の荘厳から転じて、堂内や仏具をそのように表現します。堂内の荘厳は経典の説示などに基づいて配置されている場合がありますので、寺院へ参拝した際、堂内の荘厳が、何をもとにしているのか考えてみましょう。

成仏する（じょうぶつする）

「成仏」は呼んで字のごとく「仏さまに成る」こと。けれども仏さまにも階層があって、「阿羅漢（あらかん）」から、「菩薩（ぼさつ）」と呼ばれる仏さままで、煩悩を超えた悟りの深さによって、その呼び方も変わります。しかし一般的には「成仏」は亡くなられた後に、行いもよく「極楽浄土」にいくことができたことをいいます。亡くなられた人に「成仏できますように」と祈るのは、そういう願いを込めているのですね。極楽浄土で生まれ変わる、これを「浄土信仰」といいます。

【解説】 成仏は、漢訳仏典を通して中国仏教において成立した用語と言われています。成仏とは仏に成ることですが、それは覚りを開くことを意味します。釈迦は、菩提樹の下で覚りを得て仏陀（目覚めた人）と成られました。それに因む行事が十二月八日に行われている成道会（じょうどうえ）です。

精霊流し（しょうろうながし）

長崎を中心に、熊本、佐賀の一部で行われている、比較的新しい仏教行事。地域限定のお盆祭り。これは案外いろいろあって、青森の「ねぶた祭り」、秋田の「竿燈まつり」も、地域限定のお盆行事ですね。こうした祭りは日本中にあります。それぞれの地域住民がアイディアを出し合って、お祭りを作っていくことにより、地域コミュニティーを強くしていくという目的もあります。「精霊流し」は、さだまさしさんが歌にしたことによって有名になりましたが、御霊（みたま）を乗せた装飾船を、爆竹や鉦の音で送り出す、長崎らしいエキサイティングなお祭りに成熟しました。

【解説】お盆の風習は地域性が色濃く、お盆に迎えた精霊を供物と共に墓地、道の辻、川や海などに流すといった、送り火や精霊流しなどの行事が全国的に見られます。昨今の社会変動で継承が難しい地域も増えていると聞きますが、失いたくない日本の風習です。

施餓鬼（せがき）

あの世には「餓鬼道」という、生きるのに大変きびしい世界（道）があります。そこに生きている「衆生（しゅじょう）」＝生きとし生けるもの」に食べ物をほどこす、それが「施餓鬼」です。実際に食事を振る舞うわけにもいかないので、お祈りをあげて、仏壇に食物を供える、そうした「法会（ほうえ）＝集まり」です。これはイマジネーション（想像）の世界から、リアル（現実）な世界につながる思い、祈りを具象化する行為なのですね。どうにもならないのではなくて、「どうにかしたい」ボランティアな精神に満ちた催事といえます。

【解説】施餓鬼は、弟子のひとりである阿難がある餓鬼から死後、餓鬼道に堕ちると脅迫され、釈迦に相談したことが起源とする説がありま す。現在では、先祖供養を目的とし、諸宗派の寺院で施餓鬼法要が営まれています。

殺生な（せっしょうな）

「そんなこといわれても、私にはどうすることも出来ません」といった時に「そんな殺生な！」と、言ったりしますね。本来は文字のとおり「生き物を殺すこと」の意味ですが。「私を殺すつもり？」といった強い気持ちが込められています。仏教では生き物を殺すことを厳しく戒めています。大切な命と正しく向かい合う、これは仏教の基本の態度です。当たり前ですよね。ところがひきも切らさず殺人事件が起きたり、紛争・戦争が絶えません。「殺生な時代」はやっぱり終わらせないと。

【解説】仏教では、五戒の第一に不殺生戒が位置しています。『梵網経』に説く十重禁戒では、一切の命ある者を殺してはならないと厳しく戒められています。しかし、生きるためには、他の命をいただかなければなりません。常に感謝の気持ちを忘れずにいただきましょう。

絶体絶命（ぜったいぜつめい）

「ヤバイ!」というのは相当な危機感を感じた時の叫びですが、最近では「ビックリするほど面白いこと」を、「ヤバイ」と言ったりしますね。もう、真逆です。ヤバイです。「絶体絶命」は、崖っぷちに追い込まれて、もうちょっとでそこから転落して死んでしまうかもしれないといった「窮地」の状況です。それをなんとか逃れるのが「危機一髪」。髪の毛一本の差で命がつながった。これもほんとに「ヤバイ!」。アクション映画や、アニメの世界は案外簡単に「窮地」の状況を描いて、観客を冷や冷やさせますが、趣味悪くないですか。「ヤバイ!」です。

【解説】「絶体」と「絶命」はともに九星占いでいう凶星の名が転じたという説があります。転じて、どうしても逃れようのない場合や立場にあること、また、そのさまを意味します。

執着する（しゅうちゃくする）

「しつこいんだから！」って、けっこう批判的で、反感を持った言葉です。「執着」は「こだわること」だけではなく、「そうした思いから抜け出せない」ことを言います。正しいことでも、ひとつのことにだけこだわってしまって、他の正しいことを評価できなくなってしまったりすることも、戒めているのですね。相対的に世界を理解する客観性を大切にしましょう。でもある時は「しつこい」くらいの探究心や、「こだわり」を持って研鑽するなど、けっこう大切な態度だと思うんですけど。ちょっと「執着」しますね。

【解説】 執著とも書き、「しゅじゃく」と読みます。事物にとらわれの心を意味します。仏教では、その心から離れることを実践する教えを説いています。「空」の項でも触れた奈良薬師寺の故高田好胤師の「かたよらない、こだわらない、とらわれない心」はそのことを良く表現しています。

千載一遇（せんざいいちぐう）

仏教の世界は「単位」が半端ではありません。「十万億土」とか、「百万遍」「三千世界」とか。この「千載一遇」も、千年に一度のチャンス！といっているのです。現代では「人生100年時代」なんていって、長寿の時代になっていますが、昔は医療も十分ではなかったので、人間の命ももっと短いものでした。そんな時代に「千年に一度」というのですから。そうです、この世とあの世を合わせれば、千年ぐらいはみんな

CHANCE

生きているのです。こうした長いスパンでものを考えていくと、必然「生きる」というイメージが相当に変わるものです。

【解説】 千載一遇とは、またとない絶好の機会を意味します。人間の生命が宿る確率は一億円の宝くじが一〇〇万回連続して当たることに匹敵すると言われています。そのことを考えれば、私たちの命がお互いに尊いことを理解できるでしょう。

た行

大願成就（たいがんじょうじゅ）

「小願＝小さな望み」は、それなりの努力で獲得できるものであります。ところで「大願＝大きな望み」となると、さすがに一筋縄では叶えられません。そんな時仏さまに一所懸命お願いして、それが叶った時のことを「大願成就」といいます。「大きな願いが達成できた」ということです。しかし「お祈り・願い」だけで、本当にそれは達成できるのもなのでしょうか。やはりそれは「一心にお願いする」ような強い気持ちと、「成し遂げる」ための多くの努力があってのことです。そうした集中力を作ることに、「祈り」の心は有効に働くようです。

【解説】大願は「だいがん」とも読みます。そもそも大願成就とは、仏の教えを広めて、世の人々を救おうとする願いが完成すること、その願いが満たされることを意味します。その元々の意味が、分不相応の願いがかなうこと、あるいは願いが神仏の加護により成就する意味へと転じられました。

退屈（たいくつ）

「面白くねー」と思うのが、「退屈」の基本ですね。「暇だー」と言うのもそうです。まわりのことに興味が持てなかったり、やる気が起こらないといったことも「退屈」状態といえるでしょう。人はよく結構「退屈」になります。「退屈」の字を見ていると、巻貝の中に潜りこんでいくような感じがあります。これは一種の「ひきこもり」に近いかもしれません。かといって変化に富んだ激動の毎日も疲れます。「退屈」は自分をリフレッシュするための、重要な時間と考えてはどうでしょう。そして「退屈」をしのげる知恵や、目標をみつけたいものです。

【解説】 くたびれて気力が衰えること、または、そのさまを表現し、仏教では仏道を求める心が退き滞ることも意味します。ストレス社会と言われる現代にあっては、時間を作り自分を静観することも必要でしょう。

大師さま（だいしさま）

西新井大師とか、川崎大師といった寺社がありますが、それを略称して「大師さま」とか「お大師さま」と呼んでいます。どちらも「弘法大師＝空海」を本尊としているからです。「厄除け」に大きな力を発揮することから、「厄除け大師」と称したりします。人が生きていると「わざわい」が起こりやすい周期が巡ってきて、それを「厄年」と呼んでいます。それで参拝したり、祈禱してもらったりすることで、予防することを目指すわけです。うっかり生きていないで、時々注意深く、自分の周辺を確認してみましょうということですね。

【解説】 当初は「釈迦大師」のように仏の尊称でした。中国では天台大

師智顗（ちぎ）や善導大師など高僧に対する尊称となり、日本では天皇から与えられる諡号（しごう）となりました。天台宗祖最澄には伝教大師、真言宗祖空海に弘法大師が贈られ、浄土宗祖法然には円光大師をはじめ七つの大師号が贈られています。

大丈夫（だいじょうぶ）

もともとは「立派な男性」といった意味です。現在なら「大丈婦／大丈女」という言葉を作らなければ、男女平等な使い方にはならないかも知れません。これは「仏教用語」と単純にとらえるより、「安心できる」とか、「信頼できる」「問題のない」といった意味で使われています。しかしそう考えると、仏教の教えも、「安心」や「信頼」は、大きなテーマと言えるでしょう。「わーこれ心配！」と言った時に「大丈夫、君なら出来る」と言われたら、なんとなく自信が湧きませんか。

【解説】仏教では、偉大な人を意味し、菩薩を指す場合にも使用されることがあります。また、仏の十種類の称号のなかには、調御丈夫の呼称があります。

嗜める（たしなめる）

「自由」という言葉は、確かに私たちに大きなチャンスを与えてくれる入り口にある言葉です。でもなんでも「自由」であるわけではありません。「盗んではいけない」「殺してはいけない」は当然のこと、それを注意してくれることを「嗜める」といいます。私たちはたくさんの「自由」を与えられていますが、反対にたくさんの「不自由」の中で暮らしています。それを分かって生きることを求められています。経文の中にはたくさんの「嗜め」「戒め」「慎め」の言葉が書かれています。

【解説】「嗜める（窘める）」は、注意したり、直すように指導したりすることを意味します。仏教には「戒」と「律」があります。「戒」は自らに課し戒めていく心の働きを意味し、「律」には集団に属する僧に対して他律的な規範を指します。

他力本願（たりきほんがん）

「お前、他力本願だね。自分で解決しろよ」なんて言われたことはありませんか。でも浄土宗では、ちゃんと「他力本願」という教義があります。「自分の力ではどうしようもないこと」というのがあるという認識ですね。ありますよねそれは。でもなんとか達成したいという、あきらめない意志というのも大切です。そのために自分以外の力をどのように使うかという考え方ですね。ChatGPTを使うことも他力かな。災害にあった土地に行ってボランティア活動するのも、ある意味で「他力」を出してあげていることですが、ここでの「他力」は、阿弥陀如来の力に他なりません。

【解説】 他力と本願は同義で、いずれも阿弥陀仏の救済の力を意味します。世間一般において、自己の力でなく、他人の力によって望みを叶えるという、他者への依存という消極的な意として用いられていますが、これは本来の意味とは大きく異なっています。

智慧をしぼる（ちえをしぼる）

「智慧」というと私たちは「アイディア＝発想力」のようにとらえますが、仏教でいう「智慧」はもっともっと深いものです。すべての現象の起こるその根本の理由をきちんと説明できること、つまり「世界の真理」を知っている頭脳といったものでしょうか。これに寄り添って生きれば、問題が起こらないということです。最近では、地球環境問題をはじめ新しい問題が次々に現れてきていますが、「智慧」はそういう「問題解決」に向かう、大きなパワーと考えてもよいでしょう。

【解説】 ものごとを判断し、決定する心の働きのことです。この働きは仏と凡夫を問わず、あらゆる衆生にありますが、凡夫のそれは汚れたもの（有漏）であり、仏のそれは清浄なるもの（無漏）ととらえます。仏道修行の目的は、このような有漏の智慧を無漏の智慧へと転換させることにあります。

畜生（ちくしょう）

悔しい時によく「チクショー！」と叫びますが、仏教では人間以外の生き物を全て「畜生」といいます。世界を分ける「六道（ろくどう）」のなかにも「畜生道」と言うのがありますが、人間も悪いことをしていると、この畜生道に生まれ変わるという教えです。「畜生」は人間以下の「侮蔑」される生き物という差別用語になります。今では愛犬家たちは「犬畜生」などと、口が裂けても言えませんが。犬は猫と同じく人間に家畜化された動物の代表格で、「犬のように飼い慣らされた哀れな生き物」という意味もあるのでしょう。これは人間が「慈悲（優しさ）や智慧（アイディア）を持たない生き物」にならないための、戒めと考えましょう。

【解説】畜生とは、鳥や獣といった動物、さらに虫や魚をも含む人間以外の生き物を意味し、家畜を意味することもあります。『阿弥陀経』には、阿弥陀仏の極楽浄土にオウムやクジャクなどの珍しい鳥が存在することが示されています。その鳥たちは阿弥陀仏が変化した姿であることが説かれています。

中道（ちゅうどう）

大正大学建学の理念「4つの人となる」のひとつにこの言葉が入って

います。分かりやすく言えば、左にも右にも道があるけれど、あえて真ん中の道を歩きましょうということ。スイスが「永世中立国」と宣言しているように、世界の政治的な体制の、どちらにもつかない、偏らない。この「中立」という言葉に近いでしょう。「中間」という言葉は、英語でいう「media」、右と左、上と下をつなげる「媒介＝媒体」にもつながります。手っ取り早く言ってしまえば「中道」こそ、「中心＝center」だということになります。とは言っても道の真ん中を歩くことは危険です。交通法規は守りましょう。

【解説】仏教では、苦行と快楽の両極端ではなく、不苦不楽の中道のあり方を八正道（はっしょうどう）の実践で示し、偏見と執着から離れた中道の実践こそが仏教の根本的立場であることを説いてます。

鎮守の森（ちんじゅのもり）

「ドンドンヒャララードンヒャララー！」というテーマソングがありますが、「鎮めて守ってくれる」神のいる森。その土地の人々、社会を守ってくれる氏神さまのおられる場所。それは大きな樹々によって守られています。なんとなく神道の神々を連想しますが、「鎮守」はもともと、大乗仏教の思想です。家の中にはお仏壇があり、離れた場所に墓所がある。鎮守の森は、一番近い信仰の場所なのですね。お正月やお盆、お祭りの時だけでも、鎮守の森をたずねて手を合わせる。それだけでなんだか気持ちが鎮まるのは、不思議な力というものです。

【解説】 鎮守とは、土地や建物を災厄から守護する神を意味します。もとは仏教寺院の守護神として勧請されたもので、東大寺に八幡宮が勧請されたのが早い例とされています。

追善する（ついぜんする）

有名な俳優が亡くなると「追善興行」などというのがありますが、「追善」の意味は、亡くなった方の冥福を祈りばかりでなくて、「悪いことをした罪を軽減してください」とお願いする意味もあります。人間は決してパーフェクトな存在ではありませんから、わがままを言ったり、ミスをしでかしたりするものです。そんなことを、残された人たちが「許してください」とお願いするというのは、なんという友愛でしょう。「追善」とは、「優しい心」を集めることなのかもしれません。

【解説】本来は、死者の冥福を祈るために、遺族や親類が読経などの法要を修する追善供養の略です。現在では、年回忌などに合わせた法事やお盆に行われる棚経など、ご先祖や故人の追善供養を行うのが一般的です。

剃髪（ていはつ）

「頭を丸めてお詫びする」なんて言葉がありますが、「剃髪」は基本「頭を丸める」大きな儀式です。でも「お詫びする」ためではなく、俗世間から離れ、「仏に帰依する」決意を表したものです。イスラム教でも女性は布（ヒジャーブ）で髪を隠しますね。「髪の毛」には特別な意味があるのかもしれません。だからといって、ちょっと失敗したぐらいでバリカンで髪を刈るなんて、それはもう「パワハラ」「モラハラ」も

のです。注意してください。でも、大仏さまや、如来さまのお姿を見ると、螺髪（らほつ）という球体の塊が集まっていますね。有髪です。

【解説】 本来は髪を剃ることでしたが、それから転じて出家することを意味します。剃髪は、袈裟を身につけることと共に、出家し僧になるために必要なこととされています。

手を打つ（てをうつ）

神社のお参りは「二礼二拍手一礼」、酉の市で熊手の値段交渉が成立すると「3331」で柏手を打ちます。「幸せなら手をたたこう！」と歌ったのは坂本九さん。世界中の人が歌を歌うとき、素晴らしいことに出会った時に「クラッピング」します。「揉め事」をまとめることを「手を打つ」と言い、「解決策が見つからない」ことは「打つ手がない」と言います。「手を打つ」ことには特別な意味があるようです。しかし仏教では、「手を打つ」より「手を合わせる＝合掌する」ことの方が大切なようです。この静けさには何かあります。

【解説】 そもそもは、両手を打ち合わせて音を出すことを言います。転じて、話をつけることなど、前もって手段や方法を打ち合わせておくことを意味します。ちなみに、打つという行為で言えば、武士がお互いの刀を打ち当てる「金打」は、誓約を意味するとされています。

天竺（てんじく）

『西遊記』で有名な三蔵法師（玄奘）が、経典を求めて向かった先が「天竺」、現在のインドです。仏教が誕生した聖地として、特別に敬愛された土地。現在では『ムトゥ　踊るマハラジャ』で人気のヒンドゥー教の聖地でもあります。この「天竺」、インダス川をサンスクリット語でいう「Sindhu」から来ているようで、玄奘は「天竺」ではなく「印度」と表記したようです。でも「天竺」の方が「天の軸＝世界の中心」みたいでいいですよね。日本にとって「天竺」は、外国のひとつの超トピックで、お釈迦さまの全生涯のストーリーの現場でもあるわけです。

【解説】インド亜大陸を中心とした地域を中国では伝統的に「天竺」と呼称しています。日本では「天竺」の概念が仏教とともに広まったとされています。『夢記』の著者である明恵（１１７３―１２３２）は、天竺旅行の計画を立てながら、果たせなかったというエピソードで知られています。

天上（てんじょう）

句会などで投句された作品を評価するのに「天・地・人」などと順位をつけますが、仏教における「天」も、「最上級」を表す言葉になっています。「天女」や「天使」の言葉をとらえても、世界共通の「上位概念」であることは間違いありません。そこには「太陽」の存在が身逃せません。エジプトの「太陽神」も、仏教の「大日如来」も、日本神話の「天照大神」も「太陽」の寓意を背負っています。三島由紀夫の『豊饒の海』最終巻「天人五衰」も、「天人」に触れます。現実世界のその上部にあるのが、もうひとつの憧れの世界「天上」なのです。

【解説】「天人五衰」といわれるように仏教では、天人は絶対的な存在ではなく、輪廻の世界の中に存在するものと説かれています。そのため、天人も輪廻して地獄や餓鬼に生まれ変わることもあります。また天人が住む天界は、人間の世界とともに善趣と呼ばれ、善行によって生まれ変わることのできるところでもあります。

道楽（どうらく）

落語でよく「飲む・打つ・買うてなことをいいますが」などと枕話にしますが、これは飲酒、賭博、色事にうつつを抜かす「道楽」の傾向を並べた語りですね。本来の仕事もちゃんとしないで、遊び呆けることをいいます。「道」といえば「茶道」「花道」「剣道」など、「道＝way」を極めることなのですが、それをチャラチャラ遊び半分にやっている状態が「道楽」。でも「食道楽」を「グルメ」なんて言ったりしますから、どうしましょう。仏教では修行で得た悟りの喜びが「道楽」ですから、ずいぶん違います。まあそこまで至らない中途半端さを、皮肉っているのでしょう。

【解説】 本業以外のこと、趣味などに熱中して楽しむことを意味しますが、仏教では「どうぎょう」と読みます。そもそも法悦の境地を示しますが、特に「楽」を「ぎょう」と読ませると願望を意味し、道を求めようとする願いを指します。

な行

南無阿弥陀仏／南無妙法蓮華経
（なむあみだぶつ／なむみょうほうれんげきょう）

寺社で手を合わせるときは、このどちらかをもぐもぐと呟くのではないでしょうか。「南無阿弥陀仏」の「ナム（モ）」はサンスクリット語で「感謝」。つまり「阿弥陀さま、感謝します」といった意味です。浄土宗や、浄土真宗でお祈りの時に使います。「南無妙法蓮華経」は、日蓮宗のお祈りで、「法華経」にまずは感謝します。キリスト教でも「サンクス・ギビング・デー＝感謝祭」というのがありますが、「感謝」は生きていることとの基本の気持ち、態度といえるのでしょう。「感謝感激雨霰」なんていいますけど、決して「ゲリラ雷雨」みたいなものではなく、静かな気持ちです。

【解説】インドでは挨拶をする時に、合掌して「ナマステ」と言います。「ナマス」と「南無」は同じ言葉で、「テ」は「あなたに」という意味です。あなたを尊敬して、帰依しますという意味になります。合掌には色々な意味がありますが、右手（仏）と左手（衆生）が一つになるという意味もあるそうです。

難行苦行（なんぎょうくぎょう）

「行」の話はもうしましたが（53ページ参照）、「行」の中でも相当にハイレベルなものにチャレンジすることが「難行苦行」です。自分を痛めつけるほどに、苦しい辛い修行をすることで、ある意味では「超人的な能力」を獲得することでもあります。究極のところまで追い込んでいって、そこで何かを覚醒する、世界の聖者は、共通してこうした試練を経験しているようです。「リポート、何行書いた?」「9行!」なんてものではありません。血の滲むような努力をしているのです。

【解説】 釈迦族の王子であったブッダは、出家をして、6年間の苦行生活を送ります。ガンダーラの仏像の苦行像に見られるように、断食をしたり、息を止めてみたり、さまざまな苦行を実践しました。しかし、苦行だけでは何も得られないことに気がついたブッダは、苦行をやめて水浴びをし、スジャータという娘が振る舞う乳粥を食べました。そ

して、菩薩樹の下で安らかな瞑想修行を行い、悟りを開かれたのです。

入滅／涅槃（にゅうめつ／ねはん）

どちらもサンスクリット語の「ニルヴァーナ」の訳語です。なんとなく語感が近いことが分かりますね。でも漢字を見ると、意味するものが違うのではと感じます。「滅に入る」だから、消えていくのかなという感じですが、「入滅」はちゃんと修行した人が死ぬこと。誰もが「入滅」出来るわけではないのです。「涅槃」は「輪廻からの解放」といいますから、お釈迦さまぐらいの人が亡くなると「涅槃」になります。「死」にも階層があるのが分かります。「ニルバーナ」の原音を漢字に写音しているのですから、どの字を当てはめたらよいのか、相当に工夫されています。「涅槃」の「涅」は「黒土」、「槃」は「手を洗う器」のこと。うーん、なるほど。でもこの漢字、これ以外の単語で見たことがありません。

【解説】「ニルヴァーナ」とは「吹き消す」という意味です。火を吹き消したように、生死を繰り返す輪廻の世界から解放されたことをあらわします。仏教では特に、煩悩を滅して悟りの境地が完成したことを意味する言葉です。ブッダの入滅は特に大般涅槃（だいはつねはん）と呼ばれ、その様子を伝える経典は『大般涅槃経』と呼ばれています。

如意（にょい）

アニメの『悟空の大冒険』でお馴染み孫悟空が持っていた杖を、「如意棒」といいますね。大きくなったり小さくなったり、思いのままに変化する武器です。さて「如意」は僧侶が読経するときに手に持つ仏具。孫悟空は三蔵法師のボディーガード（お供）でしたから、これを持っていたんですね。しかも「如意」は「思いのままに」という意味ですから、悟空の「如意棒」は伸縮自在になったわけです。猪八戒は「錫杖＝しゃくじょう」、これも観音菩薩から授かったもの。沙悟浄のは「宝杖＝ほうじょう」、半月型の刃がついています。どれも三蔵法師をお守りするための道具です。さて「如意」、この仏具、僧侶が背中が痒いときにこれで掻いたりするので「自在道具＝如意」と呼ばれるようになったとか。如意（自由自在）に受け取ってください。

【解説】「如意」の反対語を「不如意」と言います。「不如意」とは自分の思うままにならないことを意味していて、生老病死の四苦などがそれにあたります。私たちは思い通りにならない（不如意）生老病死を自分の思い通り（如意）にしようとするけれども、それが叶わないので苦しむのです。

は行

果敢ない／儚い（はかない）

「果敢＝かかん」は「行動力にとんだ元気な様子」、この字を当ててそれがないことを「はかない」と表記しています。「人の夢」も「目覚めてしまえば消えてしまう」もの。「果敢ない」も「儚い」も「虚しく消えること」虚無思想を表しています。「はかない」は「墓ない」から来ていると聞いたことがあります。先祖を祀る墓がないことが、どんなに心許ないかを言っています。「人生百年時代」といわれる長寿の世界の最後の最後に、「はかない人生でした」などと、ネガティブなメッセージを残さないよう、「大往生」を目指しましょうか。

【解説】 仏教では、あらゆる物事が変化をして、永遠ではないことを「諸行無常」と言います。このことから、「諸行無常」は「果敢ない」ことを意味する言葉として用いられています。しかし、「諸行無常」とは、変化をしていくことを認め、物事に執着することが無意味であることを説く教えなのです。

波羅蜜／波羅蜜多（はらみつ／はらみった）

これもサンスクリット語の「パーラミター」の訳語です。「完全・完璧・最高」といった意味になります。今風にいうと「チョーヤバイッ！」って感じでしょうか。「仏」の位置に上がるためのプログラムで、六波羅蜜（ろくはらみつ）と十波羅蜜（じっぱらみつ）の2通りが存在します。

これを達成すると、「彼岸」に到達して、「最高位」の仏教者になります。

「パーラーでパフェに蜜をかけて食べる＝パーラーミツ」そんな楽しい光景で記憶してください。

【解説】「六波羅蜜」とは布施・持戒・忍辱（にんにく）・精進・禅定・智慧の六種の菩薩の修行のことです。京都には空也上人像で有名な六波羅蜜寺がありますが、この地は葬送地である鳥辺野への入り口にあたります。波羅蜜は中国では「彼岸に到る」という意味で使われることから、此岸（この世）から仏の悟りの世界である彼岸（あの世）に達する場所という意味で名づけられたのでしょう。

般若心経（はんにゃしんぎょう）

お経の中でも一番ポピュラーで人気のあるものです。正確には、「摩訶般若波羅蜜多心経」といいますから「波羅蜜」を説いたお経です。「般若」というと、お能の面で牙を向いた怖い顔を想像しますが、仏教では「深い智慧」のことを言います。だからとてもありがたいお経なのです。たった３００字しかありませんが、最後が「ギャーテーギャーテーハーラーギャーテーハラソーギャーテー」と、壮烈な音で語られますが、仏教思想の真髄を語っています。これは『西遊記』の三蔵法師（玄奘）の原語訳が原典なので、孫悟空も一役買っているようです。

【解説】「般若心経」は人気もあり、文字数も少ないこともあって、昔から写経典として用いられてきました。藤原道長も奈良の金峯山に「般若心経」を奉納したと伝えられています。また、平清盛を始めとする平家一門が厳島神社に納めた「平家納経」にも、「平清盛書写」の奥書がある紺紙金字の「般若心経」が含まれています。

仏舎利（ぶっしゃり）

現在では「火葬」は世界的な葬儀の仕方になっていますが、お釈迦さまも火葬（荼毘＝だび）にふされております。「舎利＝しゃり」は遺骨、「仏舎利」は「お釈迦さまの遺骨」ということです。それを始めは8つ（遺灰を含めると10）の寺院に奉納しました。２００年後のインドを統一したアショーカ王が、そのうちの7つを発掘して、遺骨を粉砕して、約8万の寺社に分けたのです。みんなが欲しがったのですね。その「舎

利」を祀った塔が「仏舎利塔」で、そこに供養のために置かれた宝石類をさらに持ち帰って、各地の寺社に納めました。日本の法隆寺五重塔の心礎（真ん中の柱の礎石）のところにもダイヤモンドの固まりがあったそうです。「仏舎利」と同じように大切に保存していたのでしょうね。

【解説】 お米のことを舎利と呼びますが、これはお米の白くて小さい姿が仏舎利と似ていることや、お米は仏舎利のように大切なものであるということから名づけられたと言います。舎利はサンスクリット語では「シャリーラ」と言い、骨組・構成要素・身体を意味する言葉です。仏舎利が納められた舎利塔は、ブッダへの敬慕をいだく在家の仏教信者にとって、重要な信仰対象となりました。

法師（ほうし）

「法師さま」といえば、僧侶に対する敬称です。それなりの修行を積んで、人を導ける智慧を持った人。この敬称はどんどんバリエーションが出来て、視覚障害のある僧侶で琵琶を奏しながら語る人を「琵琶法師」。人間の影を「影法師」と呼んで、ひとつの人格としてとらえたり、お伽話にはお椀の舟に乗った小さな「一寸法師」なども登場します。セミの仲間でもその鳴き方から「ツクツクホーシ」なんていうのもいますね。きっとこれは、色いろに姿を変えた法師さまが、私たちの身のまわりにたくさん存在していて、私たちの善行悪行を見つめているといった示唆なのでしょうか。

【解説】「法師」の「法」とは、仏教の教えのことを意味します。仏教の教えに通じた先生を「法師」と言うのです。『法華経』には法師品という章があり、釈尊亡き後の法師は『法華経』を受持し、読誦し、解説し、書写することが必要であると説かれます。また、「文字の法師」という言葉もあります。これは、経典ばかりを読んでいて、実践修行を行わない僧侶を批判する言葉です。

菩薩さま（ぼさつさま）

寺社に行くと菩薩像というのを拝顔することがよくあります。どちらかというと女性的な優しい面立ちをされていますが、性別は不問です。基本は釈尊（お釈迦さま）のような気高い存在になるために、「悟りを求めて」修行している人をいいます。釈尊の一歩手前、でも釈尊に限りなく近づきつつある人。だからもう尊い存在なのです。『大菩薩峠』(中里介山著)という大長編小説がありますが、「菩薩さま」にも「大菩薩」と「小菩薩」があります。「観音」「普賢」「文珠」と呼ばれるのが「大菩薩」ということになります。これらの「菩薩さま」は、きっとどこかで拝観されているでしょう。

【解説】 菩薩とは菩提薩埵(ボーディ・サットヴァ)を省略した言葉で、菩提(さとり)を求める衆生という意味になります。菩薩とは仏になることができる存在であるため、初期仏教の時代には悟りを開く前のブッダ本人のことだけを指していました。大乗仏教が生まれると、ブッダ以外にも、ブッダのように仏になれる存在がいると考えられ、観音菩薩などの多くの菩薩が説かれるようになりました。

仏の顔も三度（ほとけのかおもさんど）

悪行か失策をしでかしてしまったしまった人が、仏さまにお許ししてくださいと懺悔しても、さすがに慈悲深い仏さまも、3度目は許されないだろうということ。「2度あることは3度ある」というのも、これに通じる言葉ですね。同じ失敗を2度やる奴は、きっと3度目もやるぞ、といった戒めですね。「3匹目のどじょう」とか「3度目の正直」とか。キリスト教でも「三位一体」という言葉があります。どうやら「3」という数字（回数）には特別な意味があるようです。これが膨張すると「三十三回忌」や「三千世界」といった、宇宙規模までふくらみます。「散々な目に合わない」ためにも、「3」は要注意の数字だと覚えておきましょう。

【解説】この言葉は江戸時代に流行った「上方かるた」に見られる言葉です。もともとは、「仏の顔も三度撫ずれば腹立つる」（仏様といえども、顔を撫でるような失礼なことを3回も繰り返されれば腹を立てる）という言葉に由来するそうです。

盆踊り（ぼんおどり）

夏の恒例になった大正大学の「鴨台盆踊り」。最近ではコンテンポラリーダンスの人たちが池袋で「盆ダンス」なんてやってましたが。空也上人や一遍上人の「踊念仏」は、「盆踊り」の源流といえるでしょう。こうした流行は「歌舞伎」にまでつながっていきます。歌舞伎の演劇性はきわめて「フェスティビティ＝祭事性」が強く現れていますね。四国の「阿波踊り」も、青森の「ねぶた」も盆踊りです。あらゆる地域の伝統芸能はほぼ間違いなく「信仰」とつながっています。ニューヨークから始まったストリート系の、ヒップホップダンスも、そうしてみると「アメリカ型盆踊り」に見えてきませんか。「踊り」の根本は「祈り」なのですね。

【解説】盆踊りのルーツに関しては諸説ありますが、空也上人が始めた踊念仏が、先祖供養の盂蘭盆会（お盆）の行事と結びついて、盆踊りとなったと言われています。初期の盆踊りは死者の供養として行われていたため、新盆を迎えた家の前で踊り手が踊り、家族はその踊り手にご馳走を振る舞ったと言います。また、秋田県の西馬音内（にしもない）盆踊りのように、この世に戻った死者が喜ぶ様子を現して、頬被りをして顔を隠して踊るというスタイルも伝えられています。

梵天さま（ぼんてんさま）

もともとは「ブラフマー」と呼ばれたバラモン教の神で、ヒンドゥー教の三大神の一神でもあります。それが仏教の世界で「梵天」として転身します。「梵天」は仏教の世界観の最高位にある場所で、そこに住んでいるのが「梵天さま」です。お釈迦さまが悟りを開かれた時、教えを広めることにためらっていたのを、梵天さまが、「そんなこと言わないやりましょうよ」と奨励したといわれています。偉い人です。梵天さまは、帝釈天さまとペアでよく登場します。「フーテンの寅さん」は「柴又帝釈天」の参道が地元ですが、ここは七福神の「毘沙門天」が安置されているようです。

【解説】伊達政宗は幼少時代の名前を梵天丸と言いました。ご両親が男子誕生を祈願した晩に、お母様の夢枕に白髪の老僧が立って、梵天と呼ばれる神仏に供える幣束（飾り）を授けたことに由来すると言われています。この幣束はもともとは「ほで」と呼ばれていましたが、それが訛って「ぼんでん」になり、仏教の神である梵天の字が当てられるようになったという説があります。

ま行

摩訶不思議（まかふしぎ）

「摩訶」とは「スゴーイ！」といった意味です。「ホンマカ？」というぐらい「信じられないほど優秀で偉大なこと」。だからこれは「チョー不思議」といった感じですが。もともとは「摩訶般若波羅蜜多心経」に出てくる言葉ですから、「般若心経」というのがいかに尊大な経典であるかを称えた言葉でもあります。「不思議」というのはそもそも、想像しにくいくらいのことをいうので、それに「マカ」が付くわけですから、とんでもない不思議に遭遇している！　そうなると「チョー！」

より「マカッ！」の方が、哲学的でベダンチック（衒学的）な感じかもしれません。

【解説】「摩訶」はサンスクリット語の「マハー」の音写で、大きい・多い・勝れているという三つの意味があるとされます。「マハー」は漢訳では「大」と訳されることも多いのですが、そうすると、多・勝の意味が失われてしまうので、漢訳せず「摩訶」と書くことが多いのでしょう。なお、「不思議」とは「不可思議」の略で、心で推し量ることができないことを意味し、仏のさとりの境地や智慧などを形容する言葉として用いられます。

末法思想（まっぽうしそう）

「SEKAI NO OWARI」というJ－POPグループがいますが、この「世界の終わり」こそ、「末法思想」の警告です。お釈迦さまが説いた教えが、正しく伝わらなくなる時代が来るという予言的な考えで、それが「末法」です。平安時代にはもうそうした時代に入り始めたことを、高僧たちは説き始めます。「世も末だ！」という悲観的な世紀末思想。これはヨーロッパでも、紀元前1000年前後から意識されています。だからこそちゃんと「法＝ルール」を学び、守らなくてはいけない。しかし時代が成熟してくると、享楽に走り、全体に堕落が始まる。それを戒めているのですね。村上春樹も『世界の終りとハードボイルド・ワンダーランド』という小説を書いていますが、この主人公、博物館で人間の頭蓋骨を叩いて研究している学芸員です。

【解説】 ブッダが入滅して500年もしくは1000年間を正法、さらに500年もしくは1000年間を像法、その後を末法とします。末法は、教えは残っていても、それを実践する人も、悟る人もいない時代と考えられていました。中国では552年頃を末法の始まりとし、日本では1052年から末法に突入するとされており、末法でも救済される教えを追求した結果、浄土宗や日蓮宗などのさまざまな宗派が生まれることになりました。

曼荼羅（まんだら）

仏教に触れる上で、寺社のご本尊のご仏像と、建築的魅力は具体的で圧倒的ですが、この「曼荼羅」も、仏教が説く宇宙観（世界観）をヴィジュアル化したものですから、言葉で永く深く拝聴するよりも、見ただけで分かったような気になりますね。これは密教の経典をもとに図象化したものですから、ひとつひとつの関係性と意味が描かれています。大きく分けると、真理を現象的なものとして描く「胎蔵界曼荼羅」と、真理を精神的なものとして描く「金剛界曼荼羅」に分けられます。それにしても世界には、砂で描いた「砂曼荼羅」や、バターで作った「バター曼荼羅」なんていうものもあるのですね。

【解説】 日本では、真言密教の影響で、広く仏の世界を表す図像を曼荼羅と呼ぶようになりました。『法華経』のストーリーを描写した「法華経曼荼羅」、極楽浄土の世界を図示した「浄土曼荼羅」（観経曼荼羅）、

日蓮聖人の「南無妙法蓮華経」という題字を中心として『法華経』にまつわる仏・菩薩・神・僧などの名前が示された「大曼荼羅」、神道の神と本地である仏が表された「本迹曼荼羅」などがあります。

マントラ（まんとら）

「マントラ」はサンスクリット語で「真実の言葉、秘密の言葉」といった意味です。「真実」や「秘密」という「現象」を「言葉」に置き換えるわけですから、そこには微妙なズレも生じてきます。ですから「経典」に書かれた「経文」を一心に唱えることで、「真実」や「秘密」に近づこうというものです。平安初期に空海（弘法大師）が中国長安に渡り、「真言密教」を学んで日本にもたらしました。「真言宗」の根本となる教義です。「言葉」の奥にある「神秘」にまで辿り着こうという、修行なのですね。「マントラ」は「何万（マン）という虎（トラ）」が棲息する神秘の地と記憶しておくのもいいでしょう。

【解説】「マントラ」は「真言」と漢訳され、仏の真実の言葉とされています。元々は古代のバラモン教で、神々に捧げる賛歌として用いられたものであり、これが仏教、特に密教に取り入れられました。仏の真実の言葉は、本来は人間の口から発することはできないものですが、方便として、仮に世俗の言葉を用いて表すとされています。

密教（みっきょう）

司馬遼太郎さんの『空海の風景』という小説には、804年に空海が長安に行った時、すでにそこにはユダヤ教、キリスト教、バラモン教、ヒンドゥー教、ゾロアスター教、イスラム教、儒教、仏教の寺院が全部並んでいる宗教都市だったと描いています。その中でも「密教」は新興の宗派で、今でいう「K－POP」みたいな先端性を表していたようです。空海さんはそれに大いに興味を抱いて没入していきます。空海さんのすごいところは、たった2年の留学で、膨大な経典と、仏具、曼荼羅図などを手に入れて帰ってきたことです。長安での師にその才能を認められ、可愛がられたのですね。書なんかもうま過ぎてびっくりされたようです。小説ですが、本当なのでしょう。

【解説】 コロナ禍では三密を避けようと言われていましたが、密教では三密はとても重要なものです。三密とは身密・口密・意密のことで、仏の身・口・意の不思議な働きのことを意味します。密教では体と言葉と心を仏と同じにすることで、この身このままで成仏できると考えます。具体的には手に印を結び、口にマントラを唱え、心に仏をイメージすることで、三密が仏と相応すると考えるのです。

冥土の土産（めいどのみやげ）

「メイド」といえば今日では秋葉原あたりに偏在する「メイドカフェ」を想起する人も多いかと思いますが、こちらは英語でいう「maid」、今では死語になっていますが「女中さん」の意味。仏教でいう「冥土（冥途とも書く）」は、冥界＝死後の世界のこと。「冥土」はあの世の中でも、閻魔さまに生前の行いを検問されたり、「餓鬼」「畜生」などもいる怖い場所。そんな来世に苦しまないように、しっかり土産（賄賂）を用意していきましょう、ということではありません。現世で人に助けられたり、いい思いをさせてもらうことを「冥土の土産」といいます。「これから冥土に旅立つ私ですが、このいい思い出は、冥土の土産になります」といった、感謝の言葉なのです。

【解説】 一休禅師は、「正月は冥土の旅の一里塚／めでたくもあり／めでたくもなし」という言葉を残しています。数え年では、お正月になると全ての人が一つ歳をとるので、みんなでお祝いをしました。しかし一休禅師は、歳をとるということは、死が一年近づくことであると述べて、世の中が無常であることを説いたのです。

喪に服す（もにふくす）

近親者が亡くなると、しばらくの期間を「喪中」と呼んで、すぐに日常生活に戻るのではなく、慎ましく清廉に過ごす、そうした生活を「喪に服す」といいます。「死」には「穢れ」といった考えもあって、それは人に感染る力を持ったものと考えられています。だから人に会うことも憚られました。パーティーやお祝い事も謹んで、亡くなった方に思いを寄せて過ごす。ラテン語に「メメント・モリ＝死を想え」と言う言葉がありますが、同じような意味です。今では経済生活が優先される時代ですから、いつまでも「喪に服す」といったことも難しくなっていますが、昔はしっかりとした細かいルールを守っていました。

【**解説**】中国の儒教では、父母が亡くなると、正式には25か月目（2年と1日）まで喪に服すという考え方があります。極端な場合には、この間は公的な仕事から退いたりすることもありました。１００日目を卒哭忌、13か月目を小祥忌、25か月目を大祥忌と呼び、これが仏教に取り入れられて、今の百箇日、一周忌、三回忌となったようです。

門前町（もんぜんまち）

日本にはたくさんの寺社仏閣がありますが、とりわけその地域を代表するような寺社を中心に、商工業の産業が栄え、もちろんその周辺の農業漁業で生活する人たちの、地域のセンター機能を持った地区を「門前町」と呼んでいます。そこには、寺社の門から始まるメインストリートがあり、地域を守る信仰の道でもあったわけです。今では、観光と、祭事の道に変貌してはいますが、都市の作られ方の大きなシステムです。城下町という言葉もありますが、これは自衛のための城砦を造り、他の武力が入り込みにくいように構築された町の姿。やはり「門前町」

の方が穏やかで落ち着きますね。

【解説】室町時代頃から、宗教が庶民の間に広まって、参拝者が増加し、寺院を参詣するための宿屋や飲食店などが増えていきました。これが、門前町として発達していきます。善光寺の長野、伊勢神宮の宇治山田、東大寺・興福寺の奈良、比叡山延暦寺の坂本などが、有名な門前町として知られています。

や行

夜叉（やしゃ）

古代インド神話に登場する「鬼神」、それが仏教の世界に姿を変えて転生します。「護法善神」という名前だけでもう良さそうな感じですね。仏教風にキャラを作り変えたといっていいでしょう。宗教というのは壮大な世界劇を描き展じるものですから、たくさんの登場者を必要とします。いいやつも悪いやつもいて、世界がリアルに描かれます。その本道に経典というものがあるわけです。泉鏡花の戯曲に『夜叉ヶ池』というのがありますが、この池に棲む龍神（夜叉）と、それをお守り

00:12

する白雪姫のお話。なんだかディズニーアニメみたいですが、全然違います。日本の戯曲の中でも異界幻想を描いた傑作です。篠田正浩監督の同名の映画（１９７９年）では、村の娘・百合と白雪姫の二役を坂東玉三郎さんが演じています。

【解説】 夜叉とはもともとインド神話の鬼神のことで、男は「ヤクシャ」、女は「ヤクシニー」と呼ばれていました。鬼神という性格がある反面、人間に恩恵をもたらす存在とも考えられていました。それが仏教に取り入れられ、仏教の教えを護る「護法善神」という性格が与えられたのです。仏教では、八部衆の一人とされたり、毘沙門天の眷属（けんぞく）として北方を守護する存在とされたりしています。

唯我独尊（ゆいがどくそん）

これには諸説あるようですが、ひとまずお釈迦さまが、母親の摩耶夫人から生まれてすぐに、話された言葉だとされています。正確には「天上天下唯我独尊」、つまり「世界中で私がただ一人尊い」という意味です。摩耶夫人は王さまのお妃ですが、とんでもない王子を産んでしまったと、さぞ驚かれたことでしょう。でもお釈迦さまは生まれてすぐに、「自分はこの世の苦界を救うために生まれてきた」という自覚を持っていたというエピソードなのですね。そうした役割を担って生まれてこられたという、劇的な表現です。だからそれを実現するために、お釈迦さまは幾多の苦難を乗り超えて、世界の最高峰智慧者になっていきます。

【解説】 初期に成立した経典である『長阿含経（じょうあごんきょう）』には、ブッダ自身の言葉としてではなく、ブッダ以前に出世したといわれる過去七仏のうち、第一仏であった毘婆尸仏（びばしぶつ）が誕生した際に、「天上天下唯我独尊」と言ったとされています。これが、ブッダが誕生した時に、ブッダを讃える言葉として用いられたという説に代わり、さらにブッダ自身が述べた言葉とされるようになったと言われています。

唯識論（ゆいしきろん）

世界のあらゆる存在は、8つの「識」によって構成されているという思想です。5つの感覚「視覚＝眼」「聴覚＝耳」「臭覚＝鼻」「味覚＝舌」「触覚＝身」と、「意識＝自覚的意識」と、2つの「無意識＝潜在的意識」

を分析しています。すでに身体的センサー（知覚力）と、脳の綿密な働き（知能力）のようなものを、確認しているのですね。これを基本として、深い理論体系を構築したのが「唯識論」です。10行ぐらいではとても説明出来るようなものではありません。しかしこうした「知力」を尽くして、世界を読み取ろうとした古代の思想家たちに、驚嘆しませんか。ＡＩなんて勿論ない時代のフォースです。

【解説】 唯識とは玄奘三蔵が、七世紀にインドから中国へもたらした思想であり、日本の奈良仏教でも中心的な教理とされました。端的に言えば、自分の心の外側には何も存在しない、つまりこの世界はすべて私の心の中にあるという思想です。「手を打てば 鯉は餌と聞き 鳥は逃げ 女中は茶と聞く 猿沢の池」という歌がありますが、同じ音でも心の認識の違いによって、受け取り方はさまざまに変化します。そうなると、耳で聞いたはずの手を打つ音すらも、実際に存在するのではなく、自分の心が作り出したものだと考えるのが唯識の方法なのです。

欲望（よくぼう）

テネシー・ウイリアムズの『欲望という名の電車』（1947年）という変なタイトルの芝居があります。戦後間もなくのアメリカで「性」のさまざまな事象を織り込んだ戯曲を書いて、センセーションになりました。仏教ではパーリ語で「欲＝chanda」といい、「色欲」「食欲」「財欲」「名誉欲」「睡眠欲」など、願望（欲）を5つに分類して、戒める経文が多く書かれています。自己中心的な欲望者を「我利我利」と呼んだりもしています。「ガリガリ亡者」は、ここから来ているのですね。でも、「知欲」などは「智愛＝フィロソフィー」につながる高尚なものでもあります。「欲」によって自身を高めることも十分にあります。「欲」は全てが悪いものでもないので、「よく」考えて、「ガリガリ」にならないよう、慎重に行動しましょう。

【解説】欲望とは欲しいと思う心です。また、何かを手に入れたとしても、すぐに次のものが欲しくなってしまう心です。このような心は仏教では「貪欲」と呼ばれ、克服すべきものとされる三つの根本煩悩（三毒）にも入れられます。欲は私たちが生まれた時から本能的に持っている心であり、生きていく上には必要不可欠なものでもあります。だから、必要以上に求めることなく、足りることを知るという「少欲知足」の教えを守ることが大切とされるのです。

ら行

羅漢さま（らかんさま）

「阿羅漢＝アラカン」というのは、最高の悟りを開いた聖者のことをいいます。ここまで来た人は、死の最上位にある「涅槃」に至ることが出来るのです。こうした聖者を略して「羅漢」と呼びます。ホトケに最も近いヒトということになります。日本の寺社に「五百羅漢」といった群像を祀っているところを多く見ますが、修行次第では人は「羅漢さま」になれる可能性を持っているのだということを、その数でアピールしているのでしょうか。むかし大佛次郎の小説を映画化した『鞍馬

天狗』という映画の主人公で人気を博した俳優が、嵐 寛寿郎（あらしかんじゅろう）といって「アラカン」の名で親しまれていましたが、黒覆面にピストルを持った剣豪の役でした。彼も映画芸能界で「羅漢さま」になった人と言っていいかもしれません。

【解説】 原始仏教や部派仏教では、阿羅漢は修行者の到達しうる最上位と考えられて、これ以上学ぶことはない位であるとされました。また、生死を繰り返す輪廻から解脱し、迷いの世界に二度と生まれ変わることはないと考えられました。一方、大乗仏教ではお釈迦さま以外も仏になれる人がいるという考え方をとりますので、阿羅漢は仏にならずに満足している存在として、批判的に見られるようになりました。

落語（らくご）

『笑点』なんていうお笑いの長寿テレビ番組がありますが、今や第○次落語ブーム。この落語の祖といわれている人が、浄土宗の説教師であった安楽庵策伝だそうです。ともかく教養がありますから大名方の話し相手になりまして、「落とし噺」、つまり「落ち＝サゲ」のある話をした、それが落語の始まりになります。もちろん策伝は仏教者ですから、教義もたくみに交えて話したのでありましょう。元禄の世になりますと、京都に出現した露の五郎兵衛が、大道で「辻噺」を始める、これがいわゆる「噺家」の始まりになるそうです。失敗した人は「落伍者」といいますな。おあとがよろしいようで。

【解説】安楽庵策伝の著した『醒睡笑』は、庶民の間に広く流行した話を集めた笑話集です。この中には落語の元ネタとなった落とし噺が多数見られ、仏教の説教が発展して落語となったと言われる理由がわかります。例えば、『醒睡笑』の「手紙の上書きに「平林」と書いてある。しかし字が読めないので通りがかりの出家者に読み方を尋ねてみると、その出家者は「ヒョウリンか、ヘイリンか。いや、タイラバヤシかヒラリンか。いやいや一八十に木木か。そうでなければヒョウバヤシか」と言った。これほどいろんな読み方を試みても、正解であるヒラバヤシと読むことはできなかった」という話は、落語の「平林」の元ネタとなっています。

利益を得る（りえきをえる）

世界中の企業というのは「利益」を得ることを目標に営業活動をしています。もちろん自社が利益を上げるだけではなく、それを消費したり、利用する顧客（コンシューマー）も納得するようなものでなければ利益も得られません。仏教でいう「利益＝りやく」は、自分以外の人のためになること「利他」をいい、自分にとってのいいこと「自利」を「功徳＝くどく」といいます。どちらかというと「利益」はボランティアに近い考えですね。まあ、企業がいい商品を生産して、社員も潤い、お客様も喜ぶのは、「利他・自利」どちらも同時に獲得するということで、だから資本主義社会は成長したのですね。

【解説】仏や菩薩の慈悲の力や、修行の結果として得られる幸福や恩恵を「利益」（りやく）と言います。「利益」のサンスクリット原語は「ヒタ」で、健康に良いとか幸福をもたらすといった意味があります。現世で得られる利益を「現世利益」、来世で得られる利益を「後世利益」といいます。大乗仏教では衆生を利益し、救済につとめることが重視されます。

六道（りくどう／ろくどう）

三島由紀夫の絶筆になった『豊饒の海』第4巻の『天人五衰』（124ページ参照）も、この「六道」のひとつ「天道」での出来事から発しています。他に「人間道」「修羅道」「畜生道」「餓鬼道」「地獄道」で、「六道」に世界を分けています。ダンテの『神曲』の世界観が、「地獄」「煉獄」「天国」に分かれているのも、キリスト教的世界観からの発展ですが、世界を分けて解釈するという思想は共通しています。子供が「天国・地獄・大地獄」と唱えながら遊ぶのも、こうした世界観の反映でしょう。さてこの『天人五衰』は、「六道」、『神曲』にも勝る壮大な文芸力を秘めたものなので、じっくりと読んでみるのも良いかと思います。

【解説】 六道の世界の様子を詳細に記した文献としては、平安時代の天台僧である源信が著した『往生要集』が最も有名です。念仏による阿弥陀如来の救済の力によって、六道の苦しみの世界から離れ（厭離穢土）、極楽浄土を願い求めること（欣求浄土）が説かれています。『往生要集』は浄土宗の開祖である法然上人や『源氏物語』の作者である紫式部などにも大きな影響を与えています。

輪廻（りんね）

「輪廻転生」というのが完成形の言葉になります。絵のうまい少年に「君はダ・ヴィンチの生まれ変わりかもしれないね」なんて言ったりするのが、そもそも「輪廻転生」を下敷きにした表現です。「回り回って生まれ変わる」わけですが、人間が人間に生まれ変わるとは限らないで、「カエル」になってしまったりもするのです。だから注意しなくてはなりません。まあ「カエルになりたい」という人もいるかとは思いますが。「輪廻転生」は偶然性というよりも、必然性を重視しますから、ひとまず今をちゃんと生きることです。

【解説】インドでは、生ある者が生死を繰り返すという輪廻（サンサーラ）

の思想が、諸宗教に共通して説かれています。生前の行為の善悪によって、次の生が決まるという考え方は人々の倫理観を高める役割を果たしてきました。釈尊は死後の世界については何も答えなかったと言われていますが、次第に地獄・餓鬼・畜生・修羅・人・天の六道を輪廻する思想が広まりました。輪廻の生死から離れることを解脱（62ページ参照）や涅槃（131ページ参照）といい、修行者がその獲得のために仏道修行に勤めました。

盧舎那仏（るしゃなぶつ）

「盧舎那仏」といえばまずパッと思い当たるのが「東大寺の大仏さま」ですね。あの大きさが示すようにまさに大きな仏さまなのです。なにしろ「宇宙の真理を万人に照らす」という、凄いことが出来る仏さまで、どっしりと座して泰然自若、見るからに人を安心させるような趣を持っています。「地動説」のずっと前にできた「仏教思想」ですが、その地球観・宇宙観は、智慧に満ちています。「智慧」こそが人々を救うことが出来るという、「問題解決力」が、仏教の大きな使命でもあったのでしょう。盧舎那仏は今もそうしたことに貢献しています。合掌しましょう。

【解説】大日如来と翻訳される毘盧遮那仏と、盧舎那仏は、本来は同じ仏であり、サンスクリット語のヴァイローチャナの音写語です。もともとは輝く太陽という意味になります。仏駄跋陀羅訳の『六十華厳』という経典では「盧舎那」と音写されています。東大寺の大仏は『華厳経』の影響下にある『梵網経』の経説に基づいて作られたので、盧舎那仏と呼ばれています。奈良時代の造立当時の部分が残る台座の蓮弁には、多くの仏や須弥山などが描かれ、宇宙の中心である太陽神・盧舎那仏の蓮華蔵世界の様子が示されています。

わ行

和讃（わさん）

キリスト教の「讃美歌」は、神を讃える歌で、今では西洋音楽の原点にもなっています。「和讃」も、仏さまや先祖を讃える歌。僧侶たちが大合唱する「声明（しょうみょう）」のひとつです。この「和讃」も、日本の民謡や、演歌にまでつながる歌の源流です。庶民文化や地域文化の基礎の多くを提供しているのです。あるいはこうした歌の中に、「仏教思想」を密かに抱えているのかもしれません。信仰の力といえるでしょう。日常ではあまりなじみのない、この「和讃」や「声明」をあらためて聞いてみると、なるほどそうかもしれないと思うことでしょう。

【解説】 和讃とは、仏（如来・菩薩）、法（経典・教え）、僧（祖師）の徳をたたえる仏教讃歌の一種です。古代インドの梵文による梵讃、漢文による漢讃に対して、和文で作られたものを言います。七五調の句が連ねることが多く、時には曲節をつけて唱えられます。平安中期頃までに成立したと見られ、浄土教の流行とともに流布されました。

渡る世間に**鬼**はなし（わたるせけんにおにはなし）

『渡る世間は鬼ばかり』という橋田壽賀子さん台本のテレビドラマがありましたが、もちろんこれは「鬼はなし」をモジった脚本です。これは「六道」の中に「餓鬼道」があるように、昔の人は世界には鬼がいっぱいいることを前提に生きていました。そんな世の中だからこそ「渡る世間に鬼はなし」という言葉の温かみ、有り難さを表しているのです。この世は「悪い人ばかりじゃないよ」といった思いです。橋田壽賀子さんは「でもね、世間は鬼みたいな悪いやつばっかりだよ」と切り返し、原典返りして、ドラマにしたのが大ヒットの理由ですね。世間はやっぱり怖いのです。「クワバラクワバラ」。

【解説】 世間とは仏教に由来する言葉で、サンスクリット語の原意は、場所という意味です。仏教では、私たち衆生が住む迷いの世界、あるいはそこに住む存在のことを言います。一方、仏の世界のことを出世間といいます。聖徳太子に「世間虚仮、唯仏是真」という言葉がありますが、現世は仮の虚しいものであり、ただ仏の世界だけが真実であるという意味になります。

藁馬（わらうま）

稲作文化の日本では、お米を収穫した後の藁を、仏事、神事に多く利用しています。ここにも生活を支える貴重な「稲」に対する感謝が表れています。注連縄（しめなわ）もそうですが、「藁馬」もそのひとつ。藁で作った馬には、神様から、祖先、疫病神まで乗るという、超人気の移動手段。日本の原始宗教に近いものがあります。仏教でも「盂蘭盆会」といって、祖先の霊をお迎えする行事があります。このお盆の時に、京都では「大文字焼き」の行事がありますが、家々でも門前でオガラを組んで、「迎火」「送り火」を焚く際に、胡瓜や茄子にオガラ

の足をつけて、馬や牛の乗り物を用意します。冥界からの交通手段の手配です。さて、私たちもこの「藁馬」に乗って、21世紀、さらなる新世界に向かって、旅立とうではありませんか！

【解説】仏教行事やさまざまな仏たちへの利益信仰と、農耕儀礼における生活暦が習合して、年中行事が次第に成立していきました。豊作を前もって祝う予祝は修正会・修二会に、農耕準備は針供養・涅槃会・彼岸会に、種まきは仏生会に、田植は夏祈禱に、成熟祈願は雨乞・風祭・悪霊鎮魂に、収穫祭は十夜等の行事に習合して、現在の形になったと言われています。

発刊に際して

大正大学理事長　柏木正博

仏教は紀元6世紀にわが国に伝来しました。それとともに、当時の世界最高水準の文明と文化が持ち込まれました。政治的意図も絡み、このカルチャーショックは日本中に波紋のように広がることとなりました。

年月を経て、ホトケの智慧に因む言葉や生活様式は、私たちの暮らしの中に溶け込んでいきました。あるものは日常の行動規範となり、またあるものは神道と融合しながら地域の年中行事に反映されてきました。しかし、含蓄ある表現や独特の意味を持つ言葉として定着している一方で、現代を生きる私たちにとっては難解なものも少なくありません。

本書は、本学表現学部長でもあるアイデアの達人・榎本了壱先生の「こんな辞典あったら、仏教が身近に感じられるのでは?」というひと言をきっかけにスタートしました。名付けて『ホトケ・ディクショナリー』。榎本先生自らが筆を執ったエッセイ風の文章に、本学仏教学部の教員が出典などについての解説を加えたものです。

軽い読み物のようでいて、仏教の奥深さを知ることができ、同時に生きるヒントも与えてくれる。そんな、私たちの日常の行動に役立つ一冊に仕上げていただきました。ぜひ座右に置いて、時々気楽に手に取ってもらえれば幸いです。

『ホトケ・ディクショナリー』編集委員会

編集制作＝大正大学

柏木正博＝企画・制作　大正大学理事長

榎本了壱＝企画・文・アートディレクション　表現学部長・教授

林田康順＝監修・解説（あ行～か行）　綜合仏教研究所所長・教授

長澤昌幸＝解説（さ行～た行）　仏教学部准教授

木内堯大＝解説（な行～わ行）　仏教学部准教授

ヨシムラヒロム＝挿画　表現学部専任講師

坂口真理子＝デザイン　表現学部非常勤講師

駒井誠一＝編集協力　大正大学出版会

神達知純＝発行　大正大学学長

ホトケ・ディクショナリー　HOTOKE dictionary

２０２４年６月６日　第１版第１刷発行
編者＝大正大学『ホトケ・ディクショナリー』編集委員会

発行者＝神達知純
発行所＝大正大学出版会
〒１７０-８４７０　東京都豊島区西巣鴨３-20-１
電話＝０３-３９１８-７３１１（代表）
製作・販売＝大正大学事業法人　株式会社ティー・マップ
電話＝０３-５３９４-３０４５　ファックス＝０３-５３９４-３０９３
印刷所　藤原印刷株式会社

ISBN978-4-909099-83-9　C1114
Printed in Japan